泰国研究论丛

（第二辑）

主　编⊙王清远　朱振明
副主编⊙李　萍　白　杨

四川大学出版社

SICHUAN UNIVERSITY PRESS

图书在版编目（CIP）数据

泰国研究论丛. 第二辑 / 王清远，朱振明主编. 一成都：四川大学出版社，2023.9
ISBN 978-7-5690-5940-3

Ⅰ. ①泰… Ⅱ. ①王… ②朱… Ⅲ. ①泰国—文集 Ⅳ. ① K336.07-53

中国国家版本馆 CIP 数据核字（2023）第 016453 号

书　　名：	泰国研究论丛（第二辑）
	Taiguo Yanjiu Luncong (Di-er Ji)
主　　编：	王清远　朱振明

选题策划：刘　畅
责任编辑：刘　畅
责任校对：于　俊
装帧设计：墨创文化
责任印制：王　炜

出版发行：四川大学出版社有限责任公司
　　　　　地址：成都市一环路南一段 24 号（610065）
　　　　　电话：（028）85408311（发行部）、85400276（总编室）
　　　　　电子邮箱：scupress@vip.163.com
　　　　　网址：https://press.scu.edu.cn
印前制作：四川胜翔数码印务设计有限公司
印刷装订：四川五洲彩印有限责任公司

成品尺寸：170 mm×240 mm
印　　张：8.75
字　　数：178 千字

版　　次：2023 年 10 月 第 1 版
印　　次：2023 年 10 月 第 1 次印刷
定　　价：58.00 元

扫码获取数字资源

四川大学出版社
微信公众号

前　言

　　2020 年，由四川省泰国研究中心编辑的《泰国研究论丛》（以下简称《论丛》）正式与读者见面。《论丛》的问世，为我国泰国研究、泰语教学及国别区域研究人员增添了一个发表成果的园地，也使中泰文化交流多了一块相互学习借鉴的阵地。《论丛》的编辑出版受到了读者的欢迎。

　　2020 年，席卷全球的新冠肺炎疫情使许多工作受到影响，但是，疫情并没有使我们的研究人员和教学人员停下研究和教学的步伐。近些来，高校的国别与区域研究中心或研究院迅速发展，研究成果不断出现，这为出版《论丛》提供了丰富的资源。

　　目前我们看到的泰国研究类出版物发表的文章大多偏重于政治、经济、国际关系等方面，从《论丛》（第一辑）发表的文章来看，文化、教育、历史方面的稿件占大多数。《论丛》（第二辑）也承继了这一点。加强对泰国文化、教育、历史、社会等方面的研究有利于进一步扩大研究领域，促进泰国研究深入发展。

　　从《论丛》（第二辑）收录的文章来看，文化、教育类就有《“一带一路”背景下基于泰国汉语人才培养的课程资源研究》《泰国的高等教育：疫情时代的机遇与挑战 》《泰语专业学生学习动机、动机强度与自我认同变化研究》《浅析顺吞蒲作品对泰国文学艺术的影响》等文。结合外语院校的泰语教育需要，《论丛》（第二辑）还收录了与泰语教学有关的文章，如《跨文化视角下的泰国网络新词汉译研究》《泰语动词名物化的语义特点及其认知机制研究》等。泰语教学与研究也属于泰国研究的内容，发表这类文章有助于丰富《论丛》的内容，可以提高泰语教学水平，促进泰国研究。

　　《论丛》（第二辑）在社会发展和中泰关系研究方面也有涉猎，《泰国吞武里皇郑信与中国》《半岛以南，海岛以北：泰国华人群体的分化及差异》《“一带一路”背景下的中泰影视合作——以“唐人街探案”IP 为例》等文既有对历史上的中泰关系的探讨，也有对当代中泰关系中的影视合作的研究。研究综述《日本学界泰国研究的学术焦点与内容评述——以 KAKEN 为数据源》，介绍了日本学术界的泰国研究情况，可供从事泰国研究的学者参考。总体来看，《论丛》（第二辑）以文化、教育、历史为重点，兼及其它。

　　当前，世界之变、时代之变、历史之变正以前所未有的方式展开。党的二十大提出了以中国式现代化全面推进中华民族伟大复兴的宏伟目标。新时代、新形势对泰国研究提出了更高的要求。进一步提高质量，更好地为繁荣哲学社会科学服务，为研究工作服务，为读者服务，让更多高质量的研究成果展现在这块学术、文化园地上，始终是《论丛》编者努力和发展的方向。《论丛》编者将努力为繁荣和发展中国特色哲学社会科学尽一份力，为深化中泰文化交流互鉴，推动中泰关系深入发展做出微薄的贡献。我们相信，在泰国研究和教学人员以及从事国别和区域研究的同行们的大力支持下，《泰国研究论丛》一定能办得更好。

朱振明

2023 年 9 月

目　录

——研究综述——

文化教育

"一带一路"背景下基于泰国汉语人才培养的课程资源研究^①

"一带一路"背景下基于泰国汉语人才培养的课程资源研究[1]

白　杨[2]

摘要： 汉语人才培养课程研究主要集中在课程资源的丰富性和多层次性研究，本文从知识层面、情感层面、文化层面和社会层面讨论了课程资源的结构、内容和方法。基于教育—文化—生态—经济—社会空间分析视角，聚焦课程资源整合与汉语人才培养模式的关系，促进"一带一路"沿线国家地区之间政府、学校与社区文明互动的社会和谐。整合课程资源作为"一带一路"沿线汉语人才培养模式创新的基本思路途径，为跨学科的汉语人才培养课程资源研究提供新思路。

关键词： "一带一路"；汉语人才培养；课程资源

国际化人才培养是推动国家间合作的重要途径，也是当前"一带一路"建设的重要内容和"一带一路"话语体系中的核心概念。伴随"一带一路"建设的推进，国内外学者对泰国汉语人才培养做了有益探索，但是，对课程资源与泰国汉语人才培养的研究仍有待深化。综合运用教育学、社会学、文化学、人类学和区域发展理论等学科的最新研究成果建立跨学科的研究框架，全面分析和梳理课程资源的构成、类型与特征，聚焦课程资源开发对泰国汉语人才培养的支持功能及其实现机制的问题，集中研究整合课程资源对支持泰国汉语人才培养的基本思路和实践模式，对于推进"一带一路"建设与泰国发展战略相对接有重要意义。

① 基金项目：本文系中华多民族文化凝聚与全球传播省部共建协同创新中心、成都大学文明互鉴与"一带一路"研究分中心项目"'一带一路'中的跨文化传播路径研究"（项目编号：WMHJTF2023B01）的研究成果。成都大学泰国研究中心资助一般项目"'一带一路'背景下泰国汉语人才培养与课程资源研究"（项目编号：SPRITS202112）的研究成果；国家民委"一带一路"国别和区域研究中心四川师范大学东南亚研究中心资助一般项目"跨文化视域下中国-东盟高等教育共同体研究"（项目编号：2022DNYYB002）的研究成果。

② 作者简介：白杨，女，汉族，四川成都人，博士，副教授，硕士生导师，成都大学外国语学院副院长。研究方向：多元文化教育与区域发展。

一、人才培养课程研究动态

(一)国际化人才培养课程资源开发的相关研究

国外在开发利用课程资源支持国际化人才培养方面的相关研究集中在两个方面：一是运用课程资源支持人才培养的目标与实施，研究者从理论和实践两个层面，基于课程资源的结构划分、课程目标的内容话语表述、课程目标的发展和改革，探究了课程资源在育人理念、课程设置、课程实施和课程评估等方面的支持功能[1][2][3]；二是运用跨境人力资源参与人才培养的管理，同时关注政治、经济、组织形态、文化特征和区域现状等制约性因素的影响。[4]

适应国家关于进一步做好"一带一路"沿线国家国际化人才培养课程工作的现实需求，国内学界主要研究三个方面的问题：

（1）国际化人才培养课程资源的概念与内涵。一种最有代表性的观点认为，广义的国际化人才培养课程资源是指有利于实现国际化人才培养目标的各种因素，狭义的国际化人才培养课程资源仅指培养国际化人才的直接因素来源。[5][6]本研究主要采取第一种观点。

（2）国际化人才培养课程资源的结构与特征。有学者认为，课程资源的结构可以从层次、组织和表现形式方面进行分析。还有学者认为，课程资源在存在方式上具有生活化、情境化、社会化和具体化等特征。[7]

（3）国际化人才培养课程资源的功能与作用。课程资源开发具有四个正向的功能：促进区域、学校和社区一体化教育网络生成，促进师生合作文化生成，促进教师专业发展，为区域交流服务。[8]

上述内容反映了近年来学界对国际化课程研究的基本情况。研究成果主要集

① Michael S. Matthews，Jaime A. Castellano. *Talent Development for English Language Learners：Identifying and Developing Potential*. London：Prufrock Press，2014.

② Paula Olszewski Kubillus，Rena F. Subotnik，Frank C. Worrell. *Talent Development as a Framework for Gifted Education：Implications for Best Practices and Applications in Schools*. London：Prufrock Press，2018.

③ Sá Maria José，Serpa Sandro. "Cultural Dimension in Internationalization of the Curriculum in Higher Education". *Education Sciences*，2020，10(12)：375-375.

④ Er. Amit Kumar，Er. Anurag Singh，Dr. Raj Mani Maurya. "Research on Cross-border E-commerce Talents Training from the Perspective of Industry-University-Research Cooperation". *Indian Journal of Public Health Research & Development*，2018（1）：125-137.

⑤ 于乐乐，《"一带一路"沿线国家国际化人才培养课程——〈多维视阈下的全景中国〉》，载《海外英语》，2020年第8期，第174-175页。

⑥ 于乐乐，《大学英语后续课程建设的初步研究》，载《才智》，2020年第7期，第64-68页。

⑦ 徐婧，《新型国际化人才培养目标下的高校国际化课程教学模式研究——以ISEC项目中的EMI课程为例》，载《作家天地》，2021年第7期，第119-120页。

⑧ 张彩华，《高校国际化人才培养的困境及质量提升路径——基于本科专业英语课程教学改革的思考》，载《教育观察》，2021年第1期，第108-110页。

中在课程资源的丰富性和多层次性，从知识层面、情感层面、文化层面和社会层面讨论了课程的结构、内容和方法。同时，我们也看出在理论上的研究和现实操作层面的实践存在着一定差距。理论与实践的结合需要桥梁，这个桥梁就是要认真去探索：如何选择课程资源，如何将课程资源融入汉语教学之中，如何将教学变成学习者既有兴趣，又能取得进步的过程。

（二）课程资源开发与泰国汉语人才培养模式的相关研究

关于泰国课程资源开发的相关研究主要集中在以下两个方面：（1）运用泰国文化开发本土教材[①②]；（2）利用泰国物质与环境资源将泰文化价值转化为经济价值[③④]。课程资源整合是泰国汉语人才培养过程的重要特征，因此将课程资源作为人才培养分析的重要内容。

从总体上看，对开发课程资源支持泰国汉语人才培养模式创新的研究不多，且存在以下不足。

（1）研究视野狭窄，研究成果缺乏整合。已有研究主要探讨了课程资源开发对泰国汉语人才发展的支持问题，而没有借助社会学、人类学、文化学等相关学科和区域发展理论的认识成果，未能全面地揭示课程资源开发对支持汉语人才培养模式创新的功能与价值。研究"一带一路"语境中的泰国汉语人才培养需借助多学科交叉分析视角，把泰国汉语人才培养和相关的课程资源和语境经验联系起来，解释泰国汉语人才培养过程的动态性。

（2）研究方法存在缺陷，经验成分过多。相关课程资源开发方面的研究大多停留在经验的层次，缺乏理性的思考与主题的提炼，以经验代替理性，凭借习惯、常识等非理性因素进行简单的经验总结，没有运用跨学科方法互视教育、政治、文化、经济与中泰关系。泰国汉语人才培养实践是复杂的社会过程，在"一带一路"背景下，把宏观和中观社会理论与语境结合起来，可以更好地改进泰国汉语人才培养机制。课程资源整合研究为泰国汉语人才培养模式演变的阐释提供更加丰富的语料。

（3）主题把握不准，认识不够深入。未能从理论与实践的双重视角，理性而准确地回答课程资源开发对泰国汉语人才培养创新的支持功能及其实现机制这个核心问题，缺乏对泰国汉语人才培养实践与其他社会实践之关系网络的深入分析。改变泰国汉语人才培养实践是中泰社会变化的主要组成部分，这种外在关

① 吕军伟、孙昱琳，《泰国本土汉语初级阶段学、教策略使用情况调查研究》，载《海外华文教育》，2019 年第 2 期，第 112-121 页。
② 王霜霜、柴闯，《"一带一路"背景下泰国汉语人才培养研究》，载《汉字文化》，2021 年第 1 期，第 156-159 页。
③ 刘佳、周文贵，《透视"一带一路"背景下的中泰合作》，载《经济论坛》，2017 年第 9 期，第 143-146 页。
④ Li Wenjing. "An Analysis on the Application of Kahoot! in Chinese Teaching of Thailand". *Frontiers in Educational Research*，2020，3（15）：73-80.

系决定泰国汉语人才培养模式的内在构成。

笔者认为，只有较深切地理解课程资源整合与汉语人才培养模式的关系，才能促进"一带一路"沿线国家、地区之间政府、学校与社区文明互动的社会和谐。概括总结课程资源开发作为创新汉语人才培养模式的成功经验，相对理论界以往有关课程资源建设成功经验的总结而言，具有一定新意。方法上，发挥多学科交叉融合，基于"教育—文化—生态—经济—社会空间"视角，立足合作机构优势，把课程资源研究与经济学、社会学、生态学、管理学、区域发展理论相结合，进行实践调查和比较分析，集中揭示整合课程资源作为"一带一路"沿线汉语人才培养模式创新的基本思路途径，以期为跨学科的课程资源研究提供新思路。

学界对文化的研究已有很多成果，尤其是对文化在课程开发中的意义的讨论。然而，如何从文化入手去发现、提炼课程资源，是需要进一步深刻思考的问题。同样，在国际课程建设时，不考虑经济因素也是不可行的。所以，如何将文化与经济结合起来，涉及社会的众多层面，这需要我们展开思路、深入讨论。

二、课程资源整合对支持汉语人才培养模式的创新

围绕"课程资源整合对支持汉语人才培养模式的创新"这一主题，需要从理论与实践的双重视角，回答课程资源整合对创新国际化人才培养模式的支持功能及其实现机制这个核心问题。

（一）课程资源的构成、类型、特征

课程资源的构成主要指具体的课程资源之间的内容相关性及其组合方式。课程资源主要分为四个因素、两个类型，即文化与生态、经济与社会。文化与生态是两个相关性较高的课程资源因素。任何文化都建立在不同的生态环境基础之上，是人类祖祖辈辈生存经验的总和。中国和泰国本土相连，在生态上具有不可忽视的相似性。傣族(泰族)是一个跨边境的民族，其文化在中国和泰国，有很广泛的存在价值。傣族(泰族)文化无论从文化价值观、文化基本内容以及文化的结构方式等都具有典型的东方文化特征。这为课程提供了很好的文化资源，共同的文化是课程内容的有利条件。

一个社会的价值，源于其文化所蕴含的信仰和人生标准。教育便是这种信仰和人生标准的传递工具，具体来说课程是完成这一传递任务的文本。运用课程资源作为人才培养的实践手段，凸显"以人为本"。从汉语人才培养模式的要求来看，文化是课程建设的中轴线，而不同的社会形态、经济形势、生存生活方式则是围绕这个中轴的资源。所有资源都围绕培养汉语人才的要求，结合学生学习的

需求和未来工作的方向，体现出人才培养所需要求的课程特色。

（二）课程资源整合对支持汉语人才培养模式创新的现状

所有的文化资源、共同的社会结构和历史故事都要通过语言来表达，这恰恰是汉语课程的有利条件。语言是文化的载体，语言又构建了文化。每一个文化要素形成最基本的概念，这是语言的基础单位。语言基础单位，不仅包含特定的意义，并携带此意义所产生的人文情感和价值。汉语作为世界上使用人数最多的语言之一，其表达方式、表达内容以及语法结构都有独特形式，对此语言学已有很多研究。本文要研究的是，作为课程语言，汉语如何将文化的各个因素从时间的角度加以整合，从空间的角度对文化的源头、文化的时空背景、文化的延伸过程等方面，及其涉及的各个概念、各种意义进行整合，以一定的逻辑方式编制成课程，以帮助学习汉语的学生形成多元文化认同。

课程资源整合的关键在于如何整合。按照课程学的理论成果整合，首先应在语言特点的基础上，以学生掌握语言、形成跨文化思维作为目的，将语言的逻辑、语言的方式、语言的特点以及语言的语法结构融入学生所感兴趣的文化内容。而文化内容的排列也要以人的基本需求为依据，将现实生活中的需求与精神世界的需求相结合，以时间留存的方式来表达，以空间分布的形式来梳理，从而帮助学生达到学习目的。然而就现状来看，以汉语言文学教学内容为主的教材更多，其课程目标偏重于对汉语语言的学习和掌握，但对中华民族文化的理解偏少。

（三）课程资源整合对支持汉语人才培养模式创新的支持功能及其实现机制

课程资源整合的目的是支持汉语人才的培养，而人才的培养如何实现，要求我们进一步思考其实现机制。无疑，任何事业的实现都靠人，汉语人才培养所需要的课程资源整合也是如此。在这个领域，我们可以借鉴概念重建主义者的课程观，将汉语人才培养锁定为课程设置的主线，专注人才规格和道德教育，并对社会合作经济和政治方面的专业概念加以解释，界说其概念所蕴含的人文内容，让课程在不同文化背景的学生中成为一种开放的、相互作用的共同对话机制。课程资源的整合不是表面的混合，而是要从不同的文化资源中呼应汉语人才的需求。

汉语课程资源整合和后现代主义所感兴趣的课程观是相通的。课程中关于政治的、经济的、社会的、文化的，以及艺术、生活中的种种资源构成的内容的互动作用于学生学习，无疑在培养学生学习兴趣和增长学生知识上有很好的效果。汉语课程资源整合过程是多元主体共同参与、指向多元目标群体的过程，泰国汉语人才培养研究有必要综合应用组织行为学、人类学、社会心理学等学科的成果，建立跨学科的分析框架。

　　传统教育中以经济发展来界定成功的观点,并不完全正确。汉语人才培养具有社会性,泰国具有独特的文化体系,政府制定的汉语人才培养政策需要充分考虑泰国社会文化背景,这样在实施过程中可以有效避免可能出现的文化适应和社会适应问题。通过增强泰国汉语人才培养与课程资源整合的关联性,充分考量泰国汉语人才培养实施过程的特殊性。人才培养政策运行是多环节、多层次的过程,每一环节和层次都受到多因素的影响,研究汉语人才培养的实效性有必要建立"过程—成因"的分析框架。为了实现我们未来的梦想,响应"一带一路"倡议,课程资源整合不能仅局限于经济领域,还要从情感、文化、艺术等领域展开讨论。

三、结论与讨论

　　本文在"一带一路"倡议的背景下,着眼于泰国汉语人才培养与课程资源整合的关联,构建基于课程资源整合优化的汉语人才培养模式。综合运用区位分析、结构—功能分析等方法,以课程资源的整合为突破口,创新泰国汉语人才培养模式,进而完善和优化后疫情时代的泰国汉语人才培养模式,为学界的相关研究提供新的方法论框架,为政府制定推进与"一带一路"东盟国家发展战略相对接的汉语人才培养模式提供理论和实践依据,为发挥好课程资源建设在泰国汉语人才培养中的作用提供行动建议,有助于进一步推进与"一带一路"东盟国家发展战略相对接的汉语人才培养路径。

　　展望未来,应丰富和推动"一带一路"沿线汉语人才培养模式的本土化研究,提高教师的语言意识与课程资源开发能力,推动课程资源建设,充分发挥课程资源对"一带一路"沿线经济建设和社会发展的服务功能。集中培养学生具有区域优势和个性特长的实践能力和创新素养,以发挥好泰国汉语人才在"一带一路"建设中的特色和作用。

参 考 文 献

刘佳,周文贵,2017. 透视"一带一路"背景下的中泰合作[J].经济论坛(9):143-146.

吕军伟,孙昱琳,2019.泰国本土汉语初级阶段学、教策略使用情况调查研究[J].海外华文教育(2):112-121.

徐婧,2021. 新型国际化人才培养目标下的高校国际化课程教学模式研究——以 ISEC 项目中的 EMI 课程为例[J]. 作家天地(7):119-120.

王霜霜,柴闯,2021. "一带一路"背景下泰国汉语人才培养研究[J].汉字文化(1):156-159.

于乐乐，2020a. "一带一路"沿线国家国际化人才培养课程——《多维视阈下的全景中国》[J].
海外英语（8）：174-175.

于乐乐，2020b.大学英语后续课程建设的初步研究[J].才智（7）：64-68.

张彩华，2021.高校国际化人才培养的困境及质量提升路径——基于本科专业英语课程教学改革
的思考[J].教育观察，10（1）：108-110.

JING L W, 2020. An analysis on the application of Kahoot! in Chinese teaching of Thailand[J].
Frontiers in educational research, 3（15）：73-80.

JOSE S M, SANDRO S, 2020. Cultural dimension in internationalization of the curriculum in higher
education[J]. Education sciences, 10（12）：375-375.

KUBILLUS P O, SUBOTNIK R F & WORRELL F C, 2018. Talent development as a framework for
gifted education: implications for best practices and applications in schools[M]. London: Prufrock
Press.

KUMAR E A, SINGH E A, MAURYA D R, 2018. Research on cross-border e-commerce talents
training from the perspective of industry-university-research cooperation[J]. Indian journal of
public health research & development（1）：125-137.

MATTHEWS M S, CASTELLANO J A, 2014. Talent development for English language learners:
identifying and developing potential[M]. London: Prufrock Press.

On the Curriculum Resources for the Goals of Chinese Talents Cultivation in Thailand in the "The Belt and Road" Initiative

BAI Yang

Abstract: The research of Chinese talents training curriculum mainly focuses on the richness and multi-level of curriculum resources. It discusses the structure, content and methods of curriculum resources from the aspects of knowledge, emotion, culture and society. In "The Belt and Road" initiative, it is to explore the relationship between curriculum resources integration and Chinese talents training mode, and promote the social harmony function of the government, school and community interaction between the countries and regions along the Belt and Road. Integrating curriculum resources is promoted as the basic mode of training Chinese talents, and providing new ideas for interdisciplinary research on curriculum resources of Chinese talents training.

Key words: "Tne Belt and Road" Initiative；Chinese Talents Training；Curriculum Resources

泰语专业学生学习动机、动机强度与自我认同变化研究

杨煜婷①

摘要： 本文以国内某市属高校 110 名泰语专业学生为研究对象，通过问卷调查和个人访谈的方式，考察了学生学习泰语的学习动机和学习泰语后产生的自我认同变化。结果发现：（1）"个人发展"动机和"社会责任"动机对学生学习动机影响最大。（2）泰语专业学生的个人背景因素与学习动机和动机强度呈显著的正向相关性：男生和女生在"社会责任"动机方面有着差异性，男生的平均值明显高于女生的平均值；不同年级的学生在"出国""个人发展"和"社会责任"三种动机类型上有显著差异。（3）自我认同方面对泰语学习影响最大的首先是"生产性变化"，其次是"自信心变化"和"附加性化"，而"削减性变化"和"分裂性变化"影响不明显；随着学生年级的增长和泰语水平的提高，"自我认同变化"也越来越大。

关键词： 泰语；学习动机；自我认同变化

一、研究背景

有关语言学习者的社会心理包括学习动机、自我认同等内容。关于学习动机，加拿大社会心理学家加德纳（Gardner）指出，学习动机包含"目标、努力的行为、达到目标的愿望和在相应活动中表现出的积极态度"②。自我认同这一概念由美国心理学家埃里克森（Erickson）提出，讨论个体在理想、人生观、价值观等方面对自我如何评价及定位。③语言学习者在学习一门语言的过程中，不可避免地会接触目的语国家的文化。根据埃里克森的观点，自我认同会受到语言、教育等因素的影响而发生变化，接触这些文化会对学习者的自我认同产生影响。兰伯特（Lambert）在 1974 年提出了"削减性"（subtractive）和"附加性"（additive）两种

---

① 作者简介：杨煜婷，女，西南交通大学人文学院博士研究生，成都大学外国语学院讲师。
② R. C. Gardner. *Social Psychology and Second Language Learning: the Role of Attitudes and Motivation*. London: Edward Arnold, 1985.
③ E. H. Erickson. *Childhood and Society*. New York: W. W. Norton, 1963.

文化认同的变化。[①]在国内，北京大学的高一虹教授及其团队是学习动机与自我认同研究较早的发起者。基于兰伯特的研究，高一虹从自信心、生产性、削减性、附加性、分裂变化和零变化六个方面对英语学习者自我认同变化进行了调查研究，并借鉴美国人本主义心理学家费洛姆（Fromm）的"生产性取向"理论，提出了"生产性双语现象"。[②]所谓"生产性双语现象"，是指目的语与母语以及这两种语言所承载的文化之间通过互动，学习者对两种文化的认识都会加深。高一虹用表达式"1+1>2"来表示这一互动结果。[③]

国内对英语学习者学习动机与自我认同之间关系的研究较多，代表性学者有高一虹、边永卫、吴红云等；还有对俄语学习者关于动机和认同的研究，代表性学者有单荣荣、周海燕、李向东等；此外，周怡怡也有关于日语学习与自我认同构建的叙事研究。纵观以往的研究，对泰语学习者学习动机及自我认同变化的相关研究还十分缺乏。基于此，本研究将通过实证研究，试图讨论以下五个问题：（1）泰语学习者的动机类型及其表现；（2）泰语学习者动机类型与动机强度的相关性；（3）泰语学习者的个体因素与动机类型和动机强度之间的关系；（4）泰语学习者在学习泰语后产生了怎样的自我认同变化；（5）与英语、俄语等其他语种的学习者相比，泰语学习者的自我认同变化有何特殊性。

二、研究方法及过程

（一）研究对象

本研究调查对象为某市属高校泰语专业大一至大四年级的 110 名学生。选取四个年级的学生作为研究对象是为了对比不同年级泰语学习者的学习动机和自我认同的变化。其中，大一学生人数占 27.36%，大二学生人数占 24.53%，大三学生人数占 25.47%，大四学生人数占 22.64%；男生人数占 18.87%，女生人数占 81.13%；来自农村的学生人数占 46.23%，来自中小城市的学生人数占 39.62%，来自大城市的学生人数占 14.15%。

（二）研究方法

本研究主要采用问卷调查、数据分析和个人访谈三种方法。首先，问卷内容参照了高一虹以及团队编制的"对英语专业学生学习动机及自我认同"的研究调查表，包括学习动机、动机强度和自我认同变化三个部分；问卷中答题分级使用

① W. E. Lambert. "Culture and Language as Factors in Learning and Education", in F. E. About & R.D. Meade, *Cultural Factors in Learning and Education*. Bellingham: Washington State College, 1974.
② 高一虹，《生产性双语现象考察》，载《外语教学与研究》，1994 年第 1 期，第 59-64 页。
③ 高一虹等，《中国大学生英语学习社会心理：学习动机与自我认同研究》，北京：外语教学与研究出版社，2004 年。

李克特五级量表形式，从"很不同意"到"很同意"共五个选项。其次，数据分析使用 SPSS 软件，用描述性统计分析动机强度及自我认同变化均值，用相关分析检验动机类型与动机强度之间的关系，用回归方法分析不同动机类型对动机强度的影响，用方差分析个人因素对动机强度以及自我认同变化的影响；同时，结合个人访谈的结果分析数据变化的原因。

（三）问卷信度

正式调研前，笔者从不同年级抽取 10 名学生进行预调查，再根据预调查结果对问卷部分内容进行了调整。正式调研共发放问卷 110 份，收回有效问卷 107 份，有效率为 97.27%，问卷整体信度为 0.89。

三、调查结果

（一）学生学习泰语的动机

问卷中涵盖的关于学生动机类型和学习泰语的动机强度的题项共有 48 个，这部分整体信度为 0.89。

1. 泰语学习者的学习动机

参照李向东文章中对俄语学习者的分类，本次问卷动机类型分为"个人学习兴趣""学习成绩""学习情境""出国""个人发展""社会责任"六类[1]。

"个人学习兴趣"这一动机体现出学生对泰语及泰国文化的热爱程度，包括"我学习泰语是因为喜欢这门语言""我学习泰语是因为我特别喜爱语言学习或有语言学习的天赋""我学习泰语是因为对泰国这个国家及文化感兴趣""我学泰语是因为对这门语言越来越有兴趣"四个题项(如表 1 所示)。

表 1　"个人学习兴趣"动机

题项	很不同意	不同意	不确定	同意	很同意
我学习泰语是因为喜欢这门语言	5.61%	23.36%	23.36%	37.39%	10.28%
我学习泰语是因为我特别喜爱语言学习或有语言学习的天赋	4.67%	14.95%	33.64%	35.52%	11.22%
我学习泰语是因为对泰国这个国家及文化感兴趣	3.74%	33.64%	41.13%	18.69%	2.80%
我学泰语是因为对这门语言越来越有兴趣	5.61%	7.48%	35.51%	45.79%	5.61%

---

[1] 李向东、阿娜尔，《中国高校大学生俄语学习动机与动机强度研究》，载《中国俄语教学》，2017 年第 3 期，第 75-80 页。

　　"学习成绩"这一动机反映考试成绩对泰语学习的影响，包含"我学泰语的劲头在很大程度上取决于我的学习成绩"这一个题项。结果显示，43.92%的学生表示同意，29.91%的学生表示不同意，26.17%的学生表示不确定。

　　"学习情境"这一动机体现出教师、教材、课堂质量等外部因素对泰语学习的影响，包含"我学泰语的劲头在很大程度上取决于是否喜欢任课老师""我学泰语的劲头在很大程度上取决于泰语课的质量""我学泰语的劲头在很大程度上取决于所用的教材"三个题项（如表2所示）。

表2　"学习情境"动机

题项	很不同意	不同意	不确定	同意	很同意
我学泰语的劲头在很大程度上取决于是否喜欢任课老师	5.61%	23.36%	23.36%	37.39%	10.28%
我学泰语的劲头在很大程度上取决于泰语课的质量	3.74%	11.21%	19.63%	54.21%	11.21%
我学泰语的劲头在很大程度上取决于所用的教材	3.74%	33.64%	41.13%	18.69%	2.80%

　　"出国"这一动机包含"我学习泰语的目的是毕业后去泰国留学""我学好泰语是为了移居国外""我学习泰语是为了出国工作"三个题项（如表3所示）。

表3　"出国"动机

题项	很不同意	不同意	不确定	同意	很同意
我学习泰语的目的是毕业后去泰国留学	14.95%	34.58%	38.32%	9.35%	2.80%
我学好泰语是为了移居国外	32.72%	39.25%	25.23%	1.87%	0.93%
我学习泰语是为了出国工作	0%	0.93%	9.35%	65.42%	24.30%

　　"个人发展"动机反映了学生的职业规划对泰语学习的影响，包含"我学泰语是为了获得好成绩，以后找个好工作""即使以后不靠泰语吃饭，也可以作为一项特长""泰语是我的专业，应该学好""泰语是人生前进道路上一块重要的敲门砖""我学习泰语是因为它是一门应用较广泛的语言，学的人少，就业前景好""学习泰语是为了方便自己同世界有更广的交流"六个题项（如表4所示）。

　　"社会责任"这一动机反映出学生把学习泰语看作是承担社会责任的一部分，包含"学好泰语我才不会辜负父母的期望"这一个题项。结果显示，38.32%的学生表示同意，36.45%的学生表示不同意，25.23%的学生表示不确定。

表4 "个人发展"动机

题项	很不同意	不同意	不确定	同意	很同意
我学泰语是为了获得好成绩，以后找个好工作	1.87%	12.15%	21.50%	51.40%	13.08%
即使以后不靠泰语吃饭，也可以作为一项特长	3.74%	0.93%	2.80%	62.62%	29.91%
泰语是我的专业，应该学好	0%	0.93%	9.35%	65.42%	24.30%
泰语是人生前进道路上一块重要的敲门砖	5.61%	3.74%	30.84%	53.27%	6.54%
我学习泰语是因为它是一门应用较广泛的语言，学的人少，就业前景好	9.35%	21.50%	39.24%	26.17%	3.74%
学习泰语是为了方便自己同世界有更广的交流	2.80%	1.87%	19.63%	66.35%	9.35%

2. 泰语学习者学习动机强度

问卷中有 11 个关于泰语学习者的学习动机强度的题项。从表 5 的数据看出，学生具有较强的学习动机。

表5 泰语学习者学习动机强度情况

题项	很不同意	不同意	不确定	同意	很同意
我在课堂上认真听课，课后认真复习、预习	2.80%	9.35%	37.38%	46.73%	3.74%
我在课外经常主动阅读泰语报纸、杂志，浏览泰语网站	9.35%	37.38%	35.52%	14.95%	2.80%
我经常跟同学用泰语会话	3.74%	20.56%	34.58%	38.32%	2.80%
我课外花很多时间学习泰语	6.54%	27.10%	48.61%	12.15%	5.60%
我经常有意识地看泰语电影电视剧、听泰语歌曲	4.67%	10.28%	19.63%	57.94%	7.48%
我很少收听泰语频道的电台(电视台)节目	0.93%	15.89%	20.56%	54.21%	8.41%
我努力弄懂泰语表达方式的内涵	2.80%	2.80%	25.23%	59.82%	9.35%
对于泰语课我只是应付了事	7.48%	54.21%	26.17%	11.21%	0.93%
我总是有意识地积累泰语词汇	0.93%	10.28%	27.10%	52.34%	9.35%
我很少参加泰语课外活动，如泰语演讲比赛、泰语读写技能大赛、泰语志愿服务活动等	2.80%	21.50%	27.10%	41.12%	7.48%
为学好泰语，我付出了很大的努力	1.87%	14.01%	50.47%	29.91%	3.74%

3. 泰语学习者的学习动机与动机强度的关系

本研究通过 SPSS 分析泰语学习者学习动机与动机强度的关系：第一步统计动机强度均值，第二步分析动机类型与动机强度的相关性，第三步将动机类型与动机强度进行线性回归分析。

第一步，通过描述分析，分别得出六类学习动机（个人学习兴趣、学习成绩、学习情境、出国、个人发展、社会责任）和学习强度的均值。

第二步，利用相关分析研究动机强度和学习动机六项之间的相关关系，使用 Pearson 相关系数表示相关关系的强弱情况。结果显示，六个动机类型与动机强度相关的显著性均小于 0.01（如表 6 所示），所有动机类型与动机强度都呈显著的正向相关性。

表 6 动机类型与动机强度的相关性

动机类型	动机强度
个人学习兴趣	0.506**
学习成绩	0.28**
学习情境	0.194**
出国	0.402**
个人发展	0.481**
社会责任	0.344**
P<0.05** P<0.01	

第三步，将六个动机类型作为自变量，将动机强度作为因变量进行线性回归分析，发现六个动机类型都会对动机强度产生显著的正向影响。从得出的数据看出，对学习者动机强度影响最大的动机类型是"个人发展"动机和"个人学习兴趣"动机。前者的模型 R 方值为 0.442，意味着"个人发展"动机可以解释动机强度的 44.2% 的变化原因。对模型进行 F 检验时发现模型通过 F 检验（F=83.299，p=0.000<0.05）。"个人学习兴趣"这一动机的回归系数值（指影响关系）为 0.297（t=6.334，p=0.000<0.01，t 指的是"差异关系"），意味着"个人学生兴趣"动机可以解释动机强度的 29.7% 的变化原因。影响力稍次的是"出国"和"社会责任"动机。"出国"动机模型 R 方值为 0.283，意味着"出国"动机可以解释动机强度的 28.3% 的变化原因。对模型进行 F 检验时发现模型通过 F 检验（F=41.370，p=0.000<0.05）。"社会责任"动机模型 R 方值为 0.118，意味着"社会责任"可以解释动机强度的 11.8% 的变化原因。对模型进行 F 检验时发现模型通过 F 检验（F=14.072，p=0.000<0.05）。影响最小的是"学习成绩"和"学习情境"这两个动机。"学习成绩"动机模型 R 方值为 0.077，说明"学习成绩"动机可以解释动机强度的 7.7% 的变化原因。对模型进行 F 检验时发现模型通过 F 检验（F=8.755，p=0.004<0.05）。"学习情境"动机模型 R 方值为 0.057，说明"学习情境"可以解释动机强度的 5.7% 的变化原因。对模型进行 F 检验时发现模型通过 F 检验（F=6.377，p=0.013<0.05）。

4. 泰语学习者个人背景因素与学习动机和动机强度的相关分析

笔者通过自变量(性别、年级)与因变量(学习动机、学习强度)的多元方差分析发现,不同性别、不同泰语水平的学生,在动机类型和动机强度方面表现出差异性。

(1)性别与动机类型和动机强度的关系。

方差分析显示,学生性别的不同对动机强度($F=2.132$,$p=0.147$)无显著差异。六种动机类型中,"个人兴趣"($F=0.111$,$p=0.74$)、"学习情境"($F=0.170$,$p=0.681$)、"学习成绩"($F=0.027$,$p=0.869$)、"出国"($F=0.408$,$p=0.525$)、"个人发展"($F=0.089$,$p=0.766$)五个动机类型与性别没有表现出显著性差异。但是在单因素分析中,"社会责任"($F=5.404$,$p=0.022$)对于性别样本有显著性差异。具体对比差异可知,男生的平均值(3.55)明显高于女生的平均值(2.91)。

(2)年级与动机类型和动机强度的关系。

年级对于"学习情境"($F=1.38$,$p=0.253$)、"个人兴趣"($F=1.227$,$p=0.304$)、"学习成绩"($F=1.892$,$p=0.136$)这三类学习动机未表现出显著性差异,而年级对于"社会责任"($F=3.919$,$p=0.011$)、"出国"($F=3.581$,$p=0.016$)、"个人发展"($F=3.988$,$p=0.01$)这三项学习动机呈现显著性差异。

年级对于"出国"动机呈现出显著性差异($F=3.581$,$p=0.016$),具体对比差异可知,有着较为明显差异的组别平均值得分对比结果为"大二>大一,大二>大四,大三>大四"(如图1所示)。可见,大二学生"出国"动机最强,大四学生"出国"动机最弱,大二、大三、大四三个年级学生"出国"动机由高到低呈递减趋势。

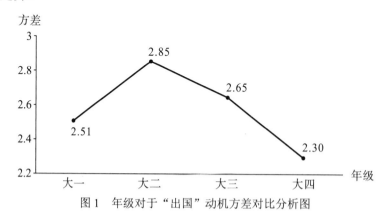

图1　年级对于"出国"动机方差对比分析图

年级对于"个人发展"动机呈现出极显著性差异($F=3.988$,$p=0.010$),具体对比差异可知,差异较为明显的组别平均值得分对比结果为"大二>大三,大二>

大四"（如图2所示）。值差的变化说明，大二学生"个人发展"动机最强，大四学生"个人发展"动机最弱。

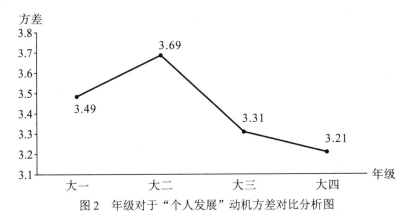

图2　年级对于"个人发展"动机方差对比分析图

年级对于"社会责任"动机呈现出显著性差异（F=3.919，p=0.011），具体对比差异可知，有着较为明显差异的组别平均值得分对比结果为"大一>大四，大二>大四"（如图3所示）。

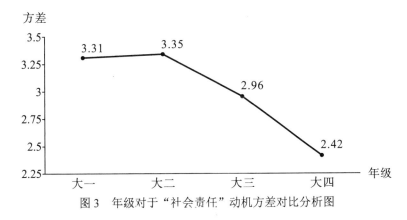

图3　年级对于"社会责任"动机方差对比分析图

（二）自我认同的变化

1.自我认同变化的具体体现

本部分问卷共包含32个题项，信度为0.79，效度为0.74。问卷中的认同变化包括自信心变化、附加性变化、削减性变化、生产性变化、分裂性变化和零变化。自信心变化指学生在学习泰语的过程中自信心的增强或减弱，附加性变化指母语与目的语在文化、行为模式等方面并存过程中产生的变化，削减性变化指目的语及目的语文化取代母语及母语文化过程中产生的变化，生产性变化指母语与目的语相互促进过程中产生的变化,分裂性变化指母语与目的语文化产生冲突的过程中产生的变化,零变化指自我认同不发生变化。零变化为参照系,除自信心变化外,附加性变化、削减性变化、生产性变化、分裂性变化涉及文化认同的变化。

分析结果显示(如表 7 所示),在学习泰语之后,受试者的自我认同产生了变化,其中变化最大的是生产性变化(均值 3.478),接着依次是自信心变化(均值3.171)、附加性变化(均值 3.075)。削减性和分类性变化均值低于参照系零变化(均值 3.039)。

表 7　测试者自我认同变化的均值和标准差

	自信心	附加性	削减性	生产性	分裂性	零变化
均值	3.171	3.075	2.828	3.478	2.542	3.039
标准差	0.558	0.566	0.439	0.469	0.666	0.489

从表 8 生产性变化的结果可以看出,50%以上的学生认为学习泰语有利于了解本国及外国文化。通过对泰语的学习,学习者的价值观产生了一定的变化。

表 8　生产性变化的结果

题项	很不同意	不同意	不确定	同意	很同意
学习泰语有助于提升我对汉语的感受能力	2.80%	17.76%	42.99%	29.91%	6.54%
学习泰语使我了解了一些东南亚文化,对其他一些课程的学习有很大帮助	0%	3.74%	27.10%	59.81%	9.35%
学习泰语之后,我扩大加深了对外国文化艺术的了解	0.93%	10.28%	18.69%	62.62%	7.48%
学习泰语使我认识到文化的多元性,我对不同于中国的文化有了更多的包容	1.87%	6.54%	7.48%	68.22%	15.89%
学习泰语扩大了我的交友范围	0.93%	6.54%	23.37%	56.08%	13.08%
学习泰语使我多掌握了一项语言技能,对以后的工作和生活有很大帮助	2.80%	5.61%	22.43%	57.01%	12.15%
学习泰语使我的交流能力有所提高	0.93%	9.35%	26.17%	51.40%	12.15%
随着泰语文学、艺术欣赏水平的提高,我对中国的文学、艺术越来越感兴趣	2.80%	16.82%	35.52%	38.32%	6.54%
学习泰语影响了我的人生规划	0.93%	6.54%	26.17%	53.28%	13.08%
在学习泰语的过程中,我更加认识到中国文化的宝贵	0.93%	10.28%	19.63%	55.14%	14.02%

由表 9 可知,在自信心变化方面,接近半数的学生认为学习泰语对自信心产生很大影响。43.93%的学生认为在泰语学习遇到挫折时,会对自己的能力产生怀疑,这一现象值得重视。

表9 自信心变化

题目	很不同意	不同意	不确定	同意	很同意
学习泰语对我的自信心产生了很大影响	2.80%	13.08%	37.38%	37.38%	9.36%
当我发现自己泰语比别人学得好时，感觉很棒	1.87%	10.28%	27.10%	52.34%	8.41%
当学习泰语遇到挫折时，我会对自己的能力产生怀疑	2.80%	28.97%	24.30%	31.78%	12.15%

由表 10 可知，在附加性变化方面，29.91%的学生可以在汉语和泰语间自由切换占总人数的约三分之一，25.22%的学生可以完成泰语和汉语的思维转换。占总人数的约四分之一。

表10 附加性变化

题目	很不同意	不同意	不确定	同意	很同意
交流时，我能在泰语和汉语之间自如切换	18.69%	7.48%	43.92%	26.17%	3.74%
使用泰语时我用泰语思考，使用汉语时我用汉语思考	27.10%	7.48%	40.19%	23.35%	1.88%
我用泰语交流时说话比较开放，但是用汉语交流时说话比较含蓄	9.35%	1.87%	29.91%	46.72%	12.15%
看泰语电影时我喜欢听原声，就好像看国产片时我喜欢听汉语	52.35%	18.69%	14.95%	11.21%	2.80%

2.学习者个人背景因素与自我认同变化的差异

性别、年级、家庭背景、目前的泰语水平这四个自变量与自我认同变化这一因变量的多元方差分析表示，不同年级、不同泰语水平的学生，在学习泰语之后的自我认同变化呈现出一定差异，但是性别、家庭背景这两个因素对自我认同的影响不显著。

（1）性别与自我认同变化。

数据分析显示，性别对自信心变化（F=2.006，p=0.16）、附加性变化（F=2.411，p=0.124）、削减性变化（F=0.022，p=0.882）、生产性变化（F=2.756，p=0.1）、分裂性变化（F=0.311，p=0.578）和零变化（F=0.476，p=0.492）六类自我认同变化均无显著差异。

（2）年级与自我认同变化。

学生年级的不同，对五种自我认同变化全部均表现出一致性，并无显著影响。其中，附加性变化 F=1.526、p=0.212，削减性变化 F=0.554、p=0.647，生产性变化 F=1.403、p=0.246，分裂性变化 F=0.092、p=0.964 和零变化变化 F=2.035、p=0.114。但是在单因素分析中，样本呈现出一些影响。

在附加性方面,年级对于题项"依据不同的语境,我可以在泰语和汉语之间自然转化",呈现显著性差异(F=2.839,p=0.042),具体对比差异可知,有较为明显差异的组别平均值得分对比结果为"大三>大一,大四>大一"(如图4所示)。年级对于题项"使用泰语时我用泰语思考,使用汉语时我用汉语思考"呈现显著性差异(F=3.183,p=0.027),具体对比差异可知,有较为明显差异的组别平均值得分对比结果为"大四>大一,大四>大三"(如图5所示)。可以看出,年级越高,学生在不同情景中的语码转换能力越强。而年级样本对于"我用泰语交流时比较开放,用汉语交流时比较含蓄"和"看泰语电影时我喜欢听原声,就好像看国产片时我喜欢听汉语"这两项没有表现出显著性差异。

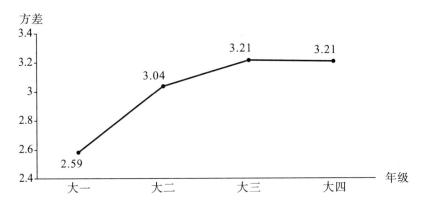

图4　年级对于"我现在能够根据情境在泰语和汉语之间自然转化"
方差分析对比图

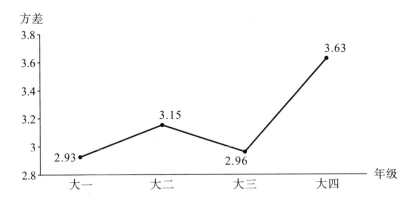

图5　年级对于"使用泰语时我用泰语思考,使用汉语时我用汉语思考"方差分析对比图

在生产性变化方面，年级样本对"学习泰语使我认识到文化的多元性，我对不同于中国的文化有了更多的包容"这一项呈现显著性差异（F=3.591，p=0.016），对比结果为"大一>大三；大四>大三"。

在零变化方面，大一学生的均值明显高于其他年级。可以看出，大一学生学习泰语的时间较短，自我认同受到的影响较小。

（3）家庭背景与自我认同变化。

多元方差分析表明，在自信心变化（F=0.101，p=0.904）、附加性变化（F=0.401，p=0.671）、零变化（F=0.101，p=0.904）、分类性变化（F=0.176，p=0.838）、生产性变化（F=0.195，p=0.823）、削减性变化（F=0.372，p=0.69）方面，来自农村、中小城镇和大城市等不同家庭背景的学生均未表现出显著性差异。这说明家庭背景对自我认同变化影响较小。

（4）学生目前的泰语水平与自我认同变化。

泰语水平不同的学生，在自我认同中的附加性变化和分裂性变化方面表现出显著性差异，但在削减性变化方面和生产性变化方面没有表现出显著性差异。

在附加性变化方面，"学生目前的泰语水平"样本对于"依据不同的语境，我可以在泰语和汉语之间自然转化"样本呈现极显著性差异（F=6.760，p=0.000）。具体对比差异可知，对比结果为"掌握了一定量的泰语词汇，但不能流利地进行日常泰语对话>只掌握了少量泰语词汇，会简单的泰语表达；掌握了一定量的泰语词汇，能流利地进行日常泰语对话>只掌握了少量泰语词汇，会简单的泰语表达；泰语听说能力较强，能承担泰语翻译等工作>只掌握了少量泰语词汇，会简单的泰语表达"。"学生目前的泰语水平"样本对于"使用泰语时我用泰语思考，使用汉语时我用汉语思考"样本也呈现显著性差异（F=2.793，p=0.044）。对比差异可知，对比结果为"掌握了一定量的泰语词汇，但不能流利地进行日常泰语对话>只掌握了少量泰语词汇，会简单的泰语表达；掌握了一定量的泰语词汇，能流利地进行日常泰语对话>只掌握了少量泰语词汇，会简单的泰语表达"。

在分裂性变化方面，"学生目前的泰语水平"对于"学习泰语之后，我经常挣扎于矛盾的价值观念"呈现水平显著性（F=3.798，p=0.016）。对比结果为"泰语听说能力较强，能承担泰语翻译等工作>只掌握了少量泰语词汇，会简单的泰语表达；泰语听说能力较强，能承担泰语翻译等工作>掌握了一定量的泰语词汇，但不能流利地进行日常泰语对话；泰语听说能力较强，能承担泰语翻译等工作>掌握了一定量的泰语词汇，能流利地进行日常泰语对话"。这说明，泰语学习者在目的语文化与母语文化之间的认同上产生了分裂，而且泰语水平越高的学生产生的认同分裂越显著（如图6所示）。

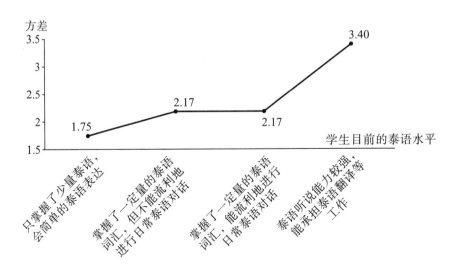

图 6 "学生目前的泰语水平"对于"学习泰语之后，我经常挣扎于矛盾的价值观念"
方差分析对比图

四、研究结论

基于前面的数据分析，本研究从学习动机和动机强度、自我认同变化两个方面进行总结。

在学习动机和动机强度方面，学习者的"个人发展动机"和"社会责任动机"对学生学习动力强度的影响最大。这一结论与李向东等人对俄语学习者的调查结果一致。[①]数据显示，学生个人发展动机和社会责任动机从大一到大二有上升趋势，然后开始递减，大三、大四开始学生的学习动机明显下降。"出国"动机也呈现从大二到大四递减的趋势。通过访谈学生得知，这几个动机逐级递减的原因有：①参与调研的学生中只有 3 名在大学之前学过或接触过泰语，104 名学生是从零基础开始学习泰语的。前期的语言基础决定了学生在大一、大二阶段会投入较多的时间和精力在泰语学习上。随着年级的增长，学生参与社会实践、投身社会服务的机会大大增多，一些学生会产生泰语专业就业面狭窄、学泰语找不到好工作等想法，对专业产生一定的质疑。②参与调研的 107 名泰语专业学生中有 42.06%属于调剂生，这在一定程度上说明学生前期对泰语专业的认可度并不高。③大一、大二阶段，部分学生经过基础阶段的泰语学习后，发现自己并不喜欢泰语或者并不擅长泰语学习，于是在考研或者选择就业时会考虑选择其他专

① 李向东、阿娜尔，《中国高校大学生俄语学习动机与动机强度研究》，载《中国俄语教学》，2017 年第 3 期第 75-80 页。

业，"出国"的动机也随之减弱。④随着年级的增长，学生对未来的发展有更多自己的想法，认为学习不仅仅是满足父母的愿望。

根据以上动机变化，笔者得如下启发：①在教学过程中不能忽视学生的外部学习动机。大一是激发学生学习动力的关键期，在基础学习阶段应该让学生从多途径了解泰国的历史文化，多参与独具泰国风情的文化活动，培养学生对泰国文化的喜爱对增强学生学习泰语的兴趣尤为重要。②提早对大学生进行职业规划指导十分有必要(笔者了解到，参与调研的学校在新生入学的第一学期便会组织学生参加职业规划大赛)。专业教师有必要参与到学生的职业规划中，充分了解学生对未来规划的个性化需求，并在教学设计和实际课堂教学中充分考虑学生未来求职的需求。③学院及教师要加强专业价值的教育，增强学生对专业的认可度。

在自我认同变化方面，影响最大的是生产性变化。这印证了高一虹提出的"生产性双语现象"强调母语认同的积极作用，强调不同语言认同之间的积极互动和整合达到增值效果。不同的是，与高一虹等所调查的英语专业学生相比①，泰语学习者的生产性变化更显著。比如，有关"学习泰语使我的交流能力有所提高"的选项，63.55%的泰语学习者表示很同意或同意，而与之对应的英语学习者中有34.2%表示赞同。选项"随着泰语文学、艺术欣赏水平的提高，我对中国的文学、艺术越来越感兴趣"，44.86%的泰语学习者表示很同意或同意，而与之对应的英语学习者中有37%表示赞同。此外，随着年级的增长和泰语水平的提高，学生在附加性、削减性和生产性三个方面的变化也越来越大。这说明泰语的学习确实给学生搭建了通往世界的另一座桥梁，开阔了学生的国际化视野。最后，家庭背景对自我认同没有产生影响，也就是说来自不同家庭背景的学生学习泰语之后的变化并不明显。有70.09%的学生对泰语国家文化的了解主要来自泰国电影/电视剧，说明在"互联网+"的时代，随着网络的普及，全球一体化的趋势日益增强，绝大部分学生者能通过网络接触到泰国文化。

泰语学习者学习泰语后产生的自我认同变化对制定泰语人才培养方案以及指导泰语教学均具有启发性。考虑到生产性变化对学生学习影响最大，因此在人才培养方案的制定中，要注重开设了解泰国国情、本土文化概况等方向的选修课程。教学中要特别注意培养学生对泰国及其历史、文化等方面知识的理解，以激发学生内部学习动机。特别是在"一带一路"倡议的号召下，中国与泰国的交往日益密切，中国学习泰语的人数也越来越多，教师不仅要关注学生的语言习得情况，更要注重学生在学习过程中产生的自我认同变化这些非语言因素。在泰语教学过程中教师应注意教学方式，努力提高学生泰语学习的兴趣。尤其在大一、大二基础学习阶段，教师更应多鼓励学生，帮助学生树立信心。此外，对于学习者

---

① 高一虹、程英、赵媛等，《英语学习与自我认同变化——对大学本科生的定量考察》，载《外语教学与研究》。第132页-139页，第161页。

的动机类型与自我认同的关系，本文对动机强度与自我认同的关系并未涉及，有待笔者进一步研究。

参 考 文 献

边永卫，2013.英语学习者认同的发展——涉外文科院校本科四年跟踪研究[M]. 上海：上海交通大学出版社.

高一虹，1994. 生产性双语现象考察[J]. 外语教学与研究（1）：59-64.

高一虹，程英，赵媛，等，2003. 英语学习与自我认同变化——对大学本科生的定量考察[J]. 外语教学与研究（2）：132-139，161.

高一虹，等，2004. 中国大学生英语学习社会心理：学习动机与自我认同研究[M]. 北京：外语教学与研究出版社.

李向东，阿娜尔，2017. 中国高校大学生俄语学习动机与动机强度研究[J]. 中国俄语教学（3）：75-80.

李向东，阿娜尔，冯帆，2019. 大学生俄语学习动机与自我认同研究[J]. 中国俄语教学（1）：61-68.

吴红云，2013. 英语专业硕士研究生专业学习动机与自我认同关系的实证研究[J]. 外语教学（2）：52-55.

周怡怡，2016. 关于日语学习与自我认同构建的叙事研究[D]. 北京：北京外国语大学.

GARDNER R C, 1985. Social psychology and second language learning: the role of attitudes and motivation[M]. London: Edward Arnold.

ERICKSON E H, 1963. Childhood and society[M]. New York: W. W. Norton.

LAMBERT W E, 1974. Culture and language as factors in learning and education[C]//F.E. About, R.D. Meade. Cultural factors in learning and education. Bellingham: Washington State College.

A Study on the Changes of Learning Motivation，Motivation Intensity and Self-identity of Thai Majors

YANG Yuting

Abstract: In this paper, 110 Thai major students from a municipal college in China were selected as the research objects. By means of questionnaire survey and personal interview, their learning motivation, motivation intensity and self-identity changes after learning Thai were analyzed. The results show that: （1）"Personal development motivation" and "social responsibility" motivation have the greatest impact on students' learning motivation. （2）There is a significant positive correlation between the personal background factors and learning motivation and motivation intensity of Thai Majors: there are differences in "social responsibility motivation" between male and female, and the average value of male is significantly higher than that of female; there are significant differences in "going abroad", "personal development motivation" and "social responsibility motivation" among students of different grades. （3） In terms of self-identity, "productive change" causes the biggest influence on Thai learning, followed by "self-confidence change" and "additional change", while "reducing change" and "split change" have no obvious impact; with the growth of grade and the improvement of Thai level, the change of students' self-identity is also growing.

Key words: Thai Language; Learning Motivation; Self-identity Change

泰国的高等教育：疫情时期的
机遇与挑战

蒙翡琦①

摘要： 2020 年，在新型冠状病毒肺炎疫情(以下简称"新冠疫情")的传播下，世界政治、经济、教育等领域都受到极大的影响。泰国是受疫情影响最严重的国家之一。泰国的高等教育也因疫情的影响，改变传统的教学方式，接受在线教学。本研究主要分析新型冠状病毒疫情对泰国高等教育的影响，探讨疫情时期泰国高等教育面临的机遇和挑战，充分发挥现代科技优势，构建疫情时期的教育模式。

关键词： 泰国高等教育；疫情时期；机遇；挑战

2019 年底新型冠状病毒肺炎疫情暴发以来，给许多国家和无数百姓带来深远的影响。它不仅打破人们原有的生活模式，影响人们的健康，甚至让许多染上病毒的人失去生命。新冠疫情具有传播速度快、致命性高、变种快、可人传人、可物传人等特点。世界各国或地区号召人民接种新型冠状病毒疫苗，共同筑起防疫防线。因疫情原因，世界各国的经济、政治、教育、文化、社会生活，甚至世界政治格局都受到严重影响。

"泰国有 170 所公立和私立高等教育机构，提供 4100 门课程。泰国国家经济和社会发展委员会预计，到 2040 年，0～21 岁的泰国人中，学龄人数将下降到 20%，低于 1980 年的 62.3%。"②2016 年，泰国巴育政府提出以经济发展、社会繁荣、提升人类价值与环境保护为目标的"泰国 4.0"战略，以推动泰国经济社会的发展。这对泰国的高等教育人才培养提出新的要求，但在全球性新冠疫情的影响下，泰国高等教育遭受巨大影响，尽管存在很多机遇，但同时也将面临诸多挑战。

---

① 作者简介：蒙翡琦，博士研究生，广西民族大学东盟学院助理研究员，广西民族大学中国-东盟区域国别研究院研究员，主要从事泰国民族、文化、国情研究。

② Dumrongkiat Mala. "Unis face crisis as students turn away"，Bangkok Post，https://www.bangkokpost.com/thailand/general/1008477/unis-face-crisis-as- students-turn-away，accessed on 2021-08-21.

一、新型冠状病毒疫情对泰国教育的影响

2019 年底，新冠疫情的暴发给世界各国带来巨大影响。泰国政府与其他国家一样，在疫情防控方面面临着巨大的考验。新冠疫情威胁着泰国的社会、经济发展，同时对泰国的高等教育产生了重要影响。

泰国高等教育传统的教学模式在新冠疫情的影响下举步维艰。新冠疫情的暴发引发了高等教育中断的浪潮，导致全球高等教育格局因病毒流行"发生巨大变化"[①]。全世界超过 16 亿学生受到影响，占所有学生的 91%。[②]受到新冠疫情影响，许多泰国学生无法正常上学，教师不能按原有的教学方式施教，学校也没有办法按照以往正常的管理模式针对教学实施有效的管理。

基于网络平台的线上教学模式或线上线下相结合的教学模式受到教育管理者以及广大师生的高度重视及广泛运用。为避免学生们近距离接触，在防止病毒传播的同时又能继续开展教学工作，在疫情时代，越来越多的学校不得不进行线上教学，并且越来越重视线上教学。疫情期间，为保证教学工作的继续开展，世界各国大力开辟线上教室，发展线上教学，以前学生们在同一物理空间共同上课学习、考试的教学模式随之改变。

二、疫情时期泰国高等教育面临的形势

（一）疫情常态化的国际环境

新冠疫情是人类社会发展史上又一次重大疫情。世界上许多国家的专家对新型冠状病毒了解不多，并且在病毒开始传播之时，各大医疗机构并没有专门针对该病毒的有效药物可以给患者进行及时治疗，导致感染人数急剧上升，疫情快速蔓延。疫情常态化的国际环境将在一定时期内存在。

笔者对新冠疫情常态化的判断主要基于以下原因：

首先，因前期没有针对新冠病毒专门的药物及疫苗，相关研发工作需要较长的时间周期。需要对病毒进行充分的研究，才能研发出相对有效的治疗方案及药物。而研发疫苗又需经历临床研究、临床试验、注册与生产四个流程，这也需要较长的时间。"通常，一个疫苗从研发到上市至少要经过八年甚至二十年。"[③]尽

---

① Quacquarelli Symonds. "The Impact of the Coronavirus on Global Higher Education" (White Paper) . *Quacquarelli Symonds*, 2020（4）: 8.

② J. Devaney, G. Shimshon, M. Rascoff, et al. "Higher Ed Needs a Long-term Plan for Virtual Learning". *Harvard Business Review*, 2020（5）: 5.

③ 权娟、许心怡，《一支疫苗是如何研发的》，http://health.people.com.cn/n1/2016/0328/c21471-28231352.html. 检索日期：2021 年 8 月 25 日。

管当前许多国家已集中各方力量，生产出新冠病毒疫苗，但还需较长时间检验其有效性。

其次，新冠病毒并非一成不变，而是在不断变异。变种的新冠病毒比原始毒株更具有传染性。"世界卫生组织欧洲区域办事处负责的 53 个国家中，已有 22 个国家出现了变异的新冠病毒毒株。"[①] "在英国、南非、尼日利亚等国家出现的不同版本的变异病毒，具有更强传染性，其对疫苗有效性是否弱化虽还有待进一步观察，但无疑给人类战胜病毒提出了更大的挑战。"[②]

最后，因疫苗的毒株在不断变异，疫苗的有效期限尚待时间验证。尽管根据当前数据显示，新冠病毒疫苗保护期达半年以上，但新冠疫苗保护期是否能像许多病毒性疫苗能终身免疫或至少保护五至十年，当前尚无定论。

（二）教育模式"转型升级"

疫情时期，远程教育成为泰国高等教育的新常态。疫情期间，因疫情形势严峻，国际教育交流受到巨大影响，国际教育的传统模式也备受冲击。在泰国学习的留学生无法赴校参加线下课堂教学；外国留学生又因国际疫情影响，不便赴泰国学习；泰国本国学生也因疫情影响而无法正常到校上课。在此背景下，新型的国际教育模式应运而生。为保证国际教育教学工作的持续运行，让学生能够顺利按照学校教学培养计划完成学业，泰国各大高校均积极改变国际教学模式，推出远程教育的方式开展教学活动。例如，泰国的朱拉隆功大学、国立法政大学、清迈大学、国家行政学院、马哈沙拉坎大学等高校陆续采用远程教育的方式开展国际教育。

新冠疫情加速了泰国高等教育的数字化转型。泰国高等教育机构改变教育模式，使用佐姆(Zoom)、连线(Line)和优兔(Youtube)等媒体平台代替传统的教室、教学活动。远程教育可提高留学生学生学习效率，使学生能够在任何有网络覆盖的地方学习，并为每个人提供开放的学习机会和平等的受教育机会。现场互动在线课程可以鼓励双向交流，让学生能够实时参加讲座，并与来自世界各地的老师和同学讨论学习或进行学术研究。

大多数泰国高等教育机构都能很好地远程教育管理，在大学和学院中推行远程教育比预期顺利。在线教学使泰国高校教师更加重视教育信息技术的应用，为泰国高校教育的发展提供更具创造性的线上线下混合教学理念。

---

① 许晓华，《全球累计确诊病例超 9000 万例 变异新冠病毒加大防疫挑战》，载《北京日报》，2021 年 1 月 12 日第 10 版。

② 朱耿男，《高校在线教育发展的机遇、问题及应对——基于后疫情时代的视角》，载《教育与考试》，2021 年第 3 期，第 88 页。

（三）泰国教育政策制定的推动

泰国政府在制定教育政策方面对在线教育具有较大支撑力度。泰国教育部部长表示，无论形势多么严峻，让所有学生接受优质教育一直是泰国政府教育政策制定的最终目标。根据"以学为本"的理念，学校可以停课，但学习不能停止。在环境允许的情况下，泰国教育部提出泰国教育政策改革的六点要求：

（1）安排教学时最大限度地考虑到所有相关人员的安全。所做出的决定取决于对最近形势的评估；

（2）即使不能保证学生到学校学习，也要保证所有学生能够进行学习；

（3）充分利用现有的资源产生最大效益，使各年级的学生无需购买任何不必要的设备就能够通过数字化教学方式（DLTV）学习；

（4）根据调查需求制定各项政策，为学生、教师和学校提供最有效的教学和管理支持；

（5）调整泰国校历，包括考虑每人的负担和对全方位知识的要求，适时调整课程表；

（6）每位教学人员将受到持续的照顾，国家会将疫情带来的负面影响降低到最低限度。[1]

在疫情特殊形势下，泰国教育部在实施教育政策的过程中，将相关政策用于解决特定问题，抓住这次教育改革时机，使相关政策更加完善。泰国对高等教育改革的主旨是，让无风险或低风险地区的教学符合安全区域的学习要求，学生可到校学习；在疫情高风险区域或无法确保安全的情况下，将在泰国皇室赞助下通过卫星远程教育基金会的直播进行学习，或通过在线系统开展教学工作。在后疫情时期，泰国对教学工作进行的改革在很大程度上还将继续参照这一标准。

（四）"泰国4.0战略"对教育的推动

泰国巴育政府于2016年提出拟在未来20年将泰国经济发展提升到一个基于高附加值的发展阶段，被称为"泰国4.0"阶段。泰国希望在此阶段通过推进"4.0战略"，将传统的农业种植模式升级为智能化农业，将传统的中小企业升级为智能型中小企业，将传统的服务业升级为具有高附加值的服务业。

百年大计，教育为本。泰国经济转型战略的实现，离不开泰国的教育的支持。"泰国教育部基于该战略制定了配套的教育政策，其中主要包括《国家教育发展二十年规划(2017—2036年)》（以下简称《教育二十年规划》）、《国家教育发展五年规划(2017—2021年)》（以下简称《教育五年规划》）、《高等教育委员会2018年年度行动计划》以及即将出台的《国家高等教育二十年发展规划》。这些政策都将

---

[1] Department of Health. "A Practical Guide for Schools to Prevent the Spread of COVID-19", 2020. [In Thai]

教育发展规划与国家战略进行'绑定'。《教育二十年规划》旗帜鲜明地提出，高等教育在国家产业创新发展以及推动实现'泰国 4.0 战略'上所发挥的作用，明确要求培养高素质的、符合社会经济发展需求的创新人才，并提出未来 20 年内人才培养和科技发展的具体指标。"①

可见，这是泰国政府制定的经济转型目标，其根本目的是要将泰国由中等收入国家升级为高收入国家，通过增强泰国熟练劳工的素质、促进地方中小业主的创业能力、发展新兴创新产业、增强内部经济、加强与东盟和全球市场的经贸联系五个步骤帮助泰国实现更为平衡及包容性的发展。

三、疫情时期泰国高等教育面临的挑战

（一）教育资源失衡，教育不公平问题明显

教育资源失衡的现象在中等收入国家和发展中国家较明显。疫情时期，"数字鸿沟"差距加剧教育资源的失衡。"教育资源方面失衡给弱势群体带来严峻挑战，如教学设备不全，部分学生没有电脑，或没有 Wi-Fi 信号，不能正常上网课。疫情期间，教学人员和学生需要准备好在线学习的软件、设备和网络。学生需要更加独立地完成老师布置的任务。目前泰国在线教学平台众多，每款教学平台软件各有优缺点，对线上教学效果的影响也是不同的。"②

此外，"学校被迫暂时关闭的同时，公共图书馆的线下服务也受到影响，为防控新冠疫情，许多图书馆暂时关闭。这对于在家附近没有图书馆和其他教育学习资源或互联网的学生来说，无疑加大了学习的困难"③。

可见，具备较好教育资源的学生在线学习具有更大的优势，反之则处于劣势，并且学生的差距会越来越大，从而出现更多的问题。

（二）疫情给泰国高等教育的管理提出更高要求

新冠疫情对泰国高等教育管理者的管理水平带来巨大的挑战。

首先，高等院校领导层已改变管理方向，不太可能在短期内恢复正常管理，甚至可能无法完全恢复到疫情前的状态。新冠疫情暴发之前，大多数学校提供的领导能力培训项目可能无法满足当今面临挑战的学校领导人的需求。在许多情况下，需要对现有的培训方案，以及它们所支持的领导模式进行彻底的重新思考和

① 阚阅、徐冰娜，《"泰国 4.0 战略"与创新人才培养：背景、目标与策略》，载《比较教育研究》，2019 年第 10 期，第 13 页。
② สิริพร อินทสนธิ์，โควิด - 19：กับการเรียนการสอนออนไลน์ กรณีศึกษา รายวิชาการเขียนโปรแกรมเว็บ. วารสารวิทยาการจัดการปริทัศน์, 2020(02): 1-6.
③ ArEba George Ngwacho. "COVID-19 Pandemic Impact on Kenyan Education Sector: Learner Challenges and Mitigations". *Journal of Research Innovation and Implication in Education*, 2020（4）：131-132.

重大修改。高等院校需要制定新的规划，全面、充分地涵盖适合当前形势的领导技能和做法。

其次，网络化教学成为高等教育的新常态。网络化教学是一种将课程内容通过网络设备运用于教学的传播方式。疫情期间，为了能让学生自主且持续地学习，保持社交距离，传统的线下教学多转化为网络教学。学习者需要掌握计算机应用、信息技术和媒体运用等技能。

在疫情时期，运营一所学校需要的不仅是解决日常问题或偶尔出现的问题的能力，而且所有学校领导人都要参与危机和变革的管理，这也需要所有教职员工的支持和协作，需要高度的信任作为集体黏合剂，以确保所有问题甫一出现就得到有效解决。

（三）高等教育全球化趋势放缓，国际生源减少

高等教育全球化面临发展形势放缓的趋势。"全球蔓延的新冠疫情迫使泰国的海外留学生重新考虑他们申请赴泰学习和生活的计划。"[1]疫情使得国际留学生数量锐减，高等教育可能会变得更本土化。这在一定程度上使得高度依赖国际学生录取的大学财政受到影响，也将导致部分教职员工待遇的变化。

此外，根据泰国新冠疫情防控的规定，外国学生也可能被拒绝签发签证，或是经过规定的隔离期限才能入境，并且还要遵守泰国其他疫情防控的相关规定。因此，"这可能会逆转高等教育全球化的趋势。对外国留学生的学费依赖度较高的大学的经营规模将迅速缩小"[2]。赴泰留学的外国留学生将进一步减少，部分学校的留学生教学仅保留部分线上的教学课程。

（四）疫情时期学生焦虑心理风险增大

学生的心理健康会受新冠疫情影响。疫情时期，学生返校后心理问题风险增大的趋势应引起学校和家长的关注。因疫情影响时间较长，校园医疗服务体系并不完善，新冠疫苗相对较缺乏，是否会因线下上课染上新冠病毒肺炎，这对学生和家长来说，都容易引起焦虑，"尤其是他们的社会生活何时能恢复'正常'的不确定性会加剧这种焦虑，即使各大院校对不同教学方式做出必要的改变。即使疫情过去，高等教育恢复正常，也不会恢复到过去那样。各地区将以不同方式评估疫情风险，所有国家都将采取预防措施，应对第二波和第三波新冠病毒疫情"[3]。

"学校停课时间的延长导致家长和监护人在学生离开其学习机构时在托儿

① Yu Tao. "Chinese Students Abroad in the Time of Pandemic: An Australian View". *ANU Press*, 2021: 4.
② Lee-Ann Ewing. "Rethinking Higher Education Post COVID-19", in *The Future of Service Post-COVID-19 Pandemic*（Volume 1: *The ICT and Evolution of Work*）. Berlin: Springer, 2021: 39-48.
③ John Daniel. "Education and the COVID-19 Pandemic". *Prospects*，2020（49）: 92-95.

和远程教育管理方面面临压力。在没有替代选择的情况下，当学校关闭时，有工作的父母经常让学生自学，这可能导致危险行为，如药物滥用。"①

即使在禁足措施解除之后，因防控疫情需要，许多学生也不得不在家在线上课，就算是可到校上学或外出旅行，他们也都会担心下一轮疫情的暴发，心理焦虑感仍然不能完全解除。此外，对疫苗的需求与疫苗供应不足之间的矛盾，会加剧民众的心理焦虑。

四、疫情常态下对泰国教育的建议

（一）优化教育基础条件，为教育信息化升级提供有效保障

泰国教育信息化起步相对较早，十多年前就在许多高等院校中实现全网络覆盖。只要身处校园，不管在哪个地方，都可以享受网络信息化带来的便利。高等教育在线学习资源平台的建设和优化，既是疫情背景下保障教学正常开展的需要，也是高等教育与时俱进的有效保障。

因此，泰国政府可进一步完善网络基础设施，改善学校基础网络环境，优化网络运行环境，推动全国各地加快包括教育网络在内的网络设施升级改造，更新换代，加快推进 IPv6 规模部署落地，充分运用 5G 技术推动数字校园建设。教育行政管理部门、高等院校全部接入教育专网，使各府、市、县、镇四级行政区域教育网络实现安全高速互联互通，实现各地高等院校校园宽带网络提速降费，为教育信息化应用提供有效保障。

（二）构建立体多元教学生态体系

笔者认为，泰国的高等教育模式不是一成不变的，而是随着社会的发展不断变化的。当前高等教育发展的主流是传统的教育模式与新兴的科学技术相结合。新冠疫情暴发后，泰国原有的线下单一教学模式已不能满足学校教学发展的需要，为保证教学工作的顺利和有效开展，需要构建立体多元的生态教学体系。"网络信息形式则进一步缩小了语用者的交流距离，使人类成为'零距离'接触的地球村居民，标志着信息社会给语言生态带来了新气象。在以往的教学中，我们更多地采用一般生态交流形式。"②

疫情时期，单一的线下教学模式已不能满足现代化高等教育的需要。线上教学可以通过网络开展，具有可跨越地理空间、同步时间或跨时区开展教学的优点。

---

① Areba George Ngwacho, "COVID-19 Pandemic Impact on Kenyan Education Sector: Learner Challenges and Mitigations". *Journal of Research Innovation and Implication in Education*, 2020（4）: 131-134.

② 许舒宁、刘丽萍，《后疫情时代汉语国际教育的发展方向及教学策略》，载《西部学刊》，2021 年第 3 卷第 2 期，第 90 页。

因此，建议泰国高等教育管理部门及高校行政部门，在传承线下教育模式的同时，大力发展线上教育，充分运用网络技术构建线下教育、线上教育、线下教育与线上教育相结合的立体多元教学生态体系。

泰国的高等教育依靠传统的线下教学作为唯一的教育手段已不可行。泰国高等院校必须从此次疫情应对危机中吸取教训，改革教育体系，使教学方式现代化和多样化，并普及在线或远程学习。

（三）针对学生的焦虑心理采取以预防为主、防治结合的应对方案

针对疫情时期学生心理焦虑问题，笔者认为，高等院校管理应该以预防为主、防治结合，从个人、家庭、学校、社会等方面入手，从根本上解决大学生心理问题。

首先，学校可对学生开展专业的心理测试，了解学生的心理状况，从而为缓解和消除学生的心理焦虑提供依据，有针对性地开展心理辅导，更好地消除学生的心理焦虑。

其次，可以在学校内开设系列心理学讲座及课程，使学生通过系统地学习心理知识，了解心理发展变化规律，学会自我心理调节的方法，更好地消解新冠疫情带来的负面情绪。

最后，完善高等院校心理健康咨询机构设置，对心理状态不佳的学生进行辅导，为其扫清疫情或其他原因导致的心理障碍。

五、结语

泰国的高等教育受到新冠疫情严重影响，传统的高等教育模式受到巨大冲击。在疫情时期，泰国高等教育传统的教学模式发生巨大改变。当前国际社会科学技术飞速发展，新兴的教学手段和模式应运而生，这给泰国高等教育带来新的机遇和挑战。同时，为了实现"泰国4.0战略"的目标，泰国政府将会不断推动高等教育的改革和创新。笔者认为，泰国的高等教育模式并非一成不变，而是随着社会形势的需要而改变与发展。疫情时期，在机遇与挑战并存的背景下，泰国高等教育教学模式的主流是运用传统的教育模式与新兴的科学技术相结合，线下与线上并举的教学模式。

参 考 文 献

权娟，许心怡，2016. 一支疫苗是如何研发的[EB/OL].（2016-03-28）[2021-08-25]. http://health. people.com.cn/n1/2016/0328/c21471-28231352.html.

许舒宁，刘丽萍，2021.后疫情时代汉语国际教育的发展方向及教学策略[J]. 西部学刊，3（2）：
    89-91.

许晓华，2021. 全球累计确诊病例超 9000 万例变异新冠病毒加大防疫挑战[N]. 北京日报，
    2021-01-12（10）.

朱耿男，2021. 高校在线教育发展的机遇、问题及应对——基于后疫情时代的视角[J]. 教育与考
    试（3）：87-93.

DANIEL J, 2020. Education and the COVID-19 pandemic[J]. Prospects（49）: 92-95.

DEVANEY J, SHIMSHON G, RASCOFF M, et al., 2020. Higher Ed needs a long-term plan for
    virtual learning[J]. Harvard business review（5）: 5.

MALA D. Unis face crisis as students turn away[N/OL]. Bangkok Post,（2016-01-13）[2021-08-21].
    https://www. bangkokpost.com/thailand/general/1008477/unis-face-crisis-as-students-turn-away.

NGWACHO A G, 2020. COVID-19 pandemic impact on kenyan education sector: learner challenges
    and mitigations[J]. Journal of research innovation and implication in education（4）: 131-134.

ศิริพร อินทสนธิ์, โควิด - 19: กับการเรียนการสอนออนไลน์ กรณีศึกษา รายวิชาการเขียนโปรแกรมเว็บ. วารสารวิทยาการจัดการป
    ริทัศน, 2020（02）: 1-6.

Higher Education in Thailand: Opportunities and Challenges in The Pandemic Era

MENG Feiqi

Abstract: In 2020, with the outbreak of novel coronavirus, the world's politics, economy, education and other fields are being greatly affected. Thailand is one of the countries most affected by the epidemic. Thailand's higher education has also been affected by the epidemic. Almost all colleges and universities have changed their traditional teaching methods and accepted online teaching. This study mainly analyzes the impacts of the novel coronavirus epidemic on Thai higher education, to discusses the opportunities and challenges faced by Thai higher education in the epidemic era, to gives full play to the advantages of modern science and technology, and to constructs an education model in the epidemic era.

Keywords: Higher Education in Thailand; Epidemic Era; Opportunities; Challenges

跨文化视角下的泰国网络新词汉译研究

谢淡钰①

摘要：随着文化多元化的不断深入发展，网络新词日益成为一种重要的语言形式，并凭借通俗易懂、词意丰富、幽默诙谐的先天优势，被大众普遍接受并广泛运用于日常交流中。然而，诞生于不同社会形态和文化的网络新词，也成为阻碍跨文化交际的"绊脚石"。基于此，笔者收集了泰国近年来出现的部分网络新词，从跨文化交际的研究视角出发，结合哈维·艾克西拉提出的"替换策略"，探讨泰国网络新词的汉译，旨在为中泰跨文化交际纾困解难。

关键词：泰国网络新词；替换策略；跨文化交际

跨文化交际是自古以来就存在的普遍现象。随着时代的发展，世界越来越像一个大家庭，不同文化背景的人们之间交往越来越频繁。②但这种交往并非一帆风顺，而是面临着重重挑战。尤其是进入 21 世纪以来，随着网络媒体的日益发达，网络新词如同雨后春笋般层出不穷，成为一种新的语言现象。网络新词是网络文化的重要表现形式，能折射出一国人民社会生活的真实面貌，故烙印着一国所特有的社会文化。对于不熟悉该国社会文化环境的外国人来说，这无疑是交际中的一个难点。此外，由于每个网络新词的产生皆非无凭无据，而是多取材于某一时期内一国境内的重大社会事件或热点问题，故具有很强的社会性和时代性，这无形中也为外国人竖起"交际壁垒"。在跨文化交际中，若对该国网络新词的背景和含义一无所知，交际双方便无法有效沟通，甚至出现令人啼笑皆非或产生误会的情况。

聚焦中泰两国，泰国虽处于中华文化的辐射带内，但在长期的历史发展过程中，由于两国社会环境、生活方式、价值观念不同，使得两国文化呈现出差异性，这种差异性在网络新词中尤为突显。在实际交流过程中，泰国网络新词不可避免地成为阻碍两国人民沟通的一大因素。为减少不必要的交际失误，笔者收集了泰国近年来出现的部分网络新词，从跨文化交际的研究视角出发，探究可行的翻译策略，旨在加深两国人民对彼此文化的理解，从而促进跨文化交际。

① 作者简介：谢淡钰，男，硕士研究生，毕业于广西民族大学，研究方向：泰语笔译。本文为广西研究生教育创新计划资助项目"汉泰造词法对比与泰语新词翻译研究"（项目编号：YCSW2020144）成果。
② 胡文仲，《跨文化交际学概论》，北京：外语教学与研究出版社，1999 年，第 1 页。

一、网络新词的定义及泰国网络新词的特点

(一) 网络新词的定义

网络语言指人们在网络交际中所使用的语言，大多演变自正式语言。网络语言创造了大量的新词，并融入表情符号，通常以一种特殊的拼写形式呈现，如重复最后一个字母以及各类符号等①。

徐云峰、郭晓敏在《网言网语》中对网络语言的内涵进行了定义："广义的网络语言是指利用电脑网络或手机网络在网络交际领域中使用的语言形式。狭义的网络语言是网民在网络交际领域(QQ、论坛、Blog 及互联网手机短信等)中使用的在用词和表达上都不算规范的语言形式。"②

所谓网络新词，是指在网络环境中所形成的一种新的特殊的流行语言，这种特殊的语言形式因网络交流需要而诞生，即网络交流双方为了提升交流效率或者满足特定的网络交际情形需要而创造出的一种语言。新时代的年轻人思维活跃、视野广阔，他们在网络上进行交流时，十分擅长结合自身的理解来对本国固有的词语进行创新，从而促使网络新词不断涌现。网络新词本属于一种多在网络上流行的非正式语言，但随着这种语言被使用者带入更加广阔的交际环境之中，便成为人们日常生活交流的一部分。

(二) 泰国网络新词的特点

泰国网络新词作为一种特殊的网络用语，具有以下特点。

1. 精简达意

由于网络新词反映的是当下人们生活中的热点话题，尤其是在现如今这个信息快速传播的时代，这些网络新词从诞生到蹿红网络，往往只需要短短的几个小时，这完全要归功于其精简达意的特点，即用短短的几个字生动形象地概括一种社会行为或现象，如 "คนบ้างาน"（工作狂）、"เกรียนคีบอร์ด"（键盘侠）等。此外，泰国还有不少的网络新词是以字母缩写的形式呈现，如 "พน."（缩写自单词 "พรุ่งนี้"，意为 "明天"）、"ผช."（缩写自单词 "ผู้ชาย"，意为 "男人"）、"สสวก."（缩写自单词 "สุขสันต์วันเกิด"，意为 "生日快乐"）等，皆充分体现了网络新词简洁的特点，并满足了网络交流快捷的需求。

---

① กานต์รวี ชมเชย, "ภาษาไทยเน็ต", ภาษาเฉพาะกลุ่มของคนไทยรุ่นใหม่ในการสื่อสารทางอินเตอร์เน็ต, กรุงเทพมหานครฯ: มหาวิทยาลัยศรีนครินทรวิโรฒ, 2013, P9.
② 徐云峰、郭晓敏，《网言网语》，武汉：武汉大学出版社，2013 年，第 189 页。

2. 时代性强

时代性强是网络新词的另一大突出特点，也是其"新"之所在。泰国每年都会产生诸多网络新词，这些新词随着某一社会事件或热点问题的出现而诞生。起初它们仅在网络交流中使用，后被使用者带入更加广阔的交际环境，便成为人们日常生活交流的一部分。例如，随着泰国女说唱歌手 MILLI 的单曲"สุดปัง"(Explicit)的爆红，"ปังเวอร์"(棒极了)一词也瞬间走红网络，并成为 2020 年年度网络热词。

3. 善用修辞

网络新词善于通过比喻、借代等修辞方式来扩充词义，从而使其更具深意，如用"แซ่บ"(本意为"美味的")形容男性或女性身材好等。这些词汇不再囿于其本身固有的词义，而是在使用过程中被赋予了新的意义。

二、泰国网络新词的汉译策略

"跨文化交际"这一术语既指本族语者与非本族语者之间的交际，也指任何在语言和文化背景方面有差异的人们之间的交际。①换言之，跨文化交际实际上是一个在文化差异性中寻求契合点的过程，最终目的是打破由文化竖起的"交际壁垒"，从而实现文化的融通。为达到跨文化交际的目的，在进行泰国网络新词的汉译时，笔者使用了由西班牙译者哈维·艾克西拉所提出的"替换策略"②，即以符合译入语认知习惯的语词替代源语的词汇，该策略可细化为以下三种翻译方法：解释性翻译、同化和意译。基于目前所搜集到的语料，笔者主要采用了同化和意译两种翻译策略。

（一）同化

同化是指用译入语的文化专有项(具有特定文化含义的词汇)替代源语的文化专有项，以达到把握原语实质含义的目的。简单来说，就是以本国的网络新词进行套译，从而减少理解困难，更能为译入语读者所接受和使用，具体案例如下。

例 1. อย่าหาทำ

例句：ยังไม่เข็ดอีก อย่าหาทำนะ

译文：还不长记性，**耗子尾汁。**

---

① 王得杏，《跨文化交际的语用问题》，载《外语教学与研究》，1990 年第 4 期，第 1 页。
② [英]杰里米·芒迪，《翻译学导论：理论与应用》，李德凤等译，北京：外语教学与研究出版社，2014 年，第 16 页。

分析:"อย่าหาทำ"本是泰国某个地区的方言,后经网络传播迅速蹿红。该词的含义为"อย่าทำแบบนี้"(别这样),通常用于亲密的朋友间以一种幽默的口吻去提醒对方不要做某件事。国内有一个类似的网络新词即"耗子尾汁",该词是成语"好自为之"的谐音流行语。起初"耗子尾汁"等同于"好自为之",通常用于劝诫他人的语境中。后来随着网友的"滥用",其适用的语境也有所扩展,现如今多用于以开玩笑的语气提醒朋友不要做某件事。由此可见,其含义与"อย่าหาทำ"实现了对等,故例1中笔者使用"耗子尾汁"进行套译。

例 2.　หน้าแตกหมอไม่รับเย็บ

例句:เดินอยู่ดี ๆ ก็ลื่นล้ม หลายคนหันมามองเรา หน้าแตกหมอไม่รับเย็บ

译文:走着突然滑倒,大家都转头看我,简直**社死**。

分析:"หน้าแตกหมอไม่รับเย็บ"(字面意思为脸裂开了,医生也缝合不了)这个网络新词的含义为"丢死人了,丢人丢到家"。泰语中有"หน้าแตก"一词,其含义为"丢脸"。但泰国网友在使用过程中将该词一分为二,即"หน้า"(脸)和"แตก"(裂开)。"หน้าแตก"又衍生出了"脸裂开"的意思,与后面的"เย็บ"(缝合)相对应。"社死"是 2021 年最火热的网络新词之一,意为"社会性死亡",其含义为在公众面前出丑。"社死"可以说是 2021 年使用频率较高的网络新词,微博上分享"社死"经历的话题也是热度不断。用"社死"一词进行套译,既保证了词义的对等,又容易被译入语读者接受,从而达到了跨文化交际的目的。

例 3.　แรงส์

例句:คำด่านี้ มันแรงส์จนใจเจ็บ

译文:这句狠话太**扎心了**。

分析:"แรงส์"一词是由另一个单词"แรง"演变而来,其本质是一种模仿英语名词变复数形式的造词法,即在单词"แรง"的基础上加"ส์"(表复数,"์"为不发音符号),以起加深程度的作用。这种特殊的造词法出自泰国青少年之手,多使用于网络交流中,类似的词还有"มันส์"("มัน"意为"有趣",加"ส์"后程度加深,意为"非常有趣")。在泰语中,"แรง"的词义较为丰富,且适用于不同的语境。网络新词的"แรง",其含义多为形容对方的言辞过分。显然,"แรงส์"的含义则为形容对方的言辞非常过分。但在实际应用过程中,"แรงส์"一词多用于朋友间互开玩笑,并非真的指对方的言辞伤人。译语"扎心"是一种方言表达方式,其含义为骂人骂到心坎里或骂到痛点上。当他人的言辞触及我们的痛处时,便会引起我们的情绪波动,故称之为"扎心"。随着该词在网络上的流行,其也逐渐成为网友们互开玩笑的口头禅。综上所述,"แรงส์"与"扎心"有异曲同工之妙,故用"扎心"进行套译,以帮助译入语读者加深对源语的语境的理解。

例 4.　กาก

例句：เน็ต**กาก**มากเลย เข้าเว็บไม่ได้สักที

译文：网太**渣**了！网站都进不去。

分析："กาก" 这个词在字典上的含义为 "ของเหลือ"（残渣）。当它作为网络新词时，其含义便与原义大相径庭。在青少年的网络交流中，"กาก" 多用于形容一个东西不好、差。"渣" 是近年来使用频率较高的网络用语，其有两重含义：①作形容词，与 "差""烂" 同义，如 "音质渣（音质差）""画质渣（画质不清晰）" 等；②作名词，指垃圾、废物。结合 "กาก" 使用的语境，不难发现其与 "渣" 的第一层含义有相通之处，故选择用 "渣" 进行套译，从而实现了语义对等。

在翻译一国的网络新词时，应优先考虑同化法，即使用本国的网络新词进行等义替换。这不仅保留了网络新词精简达意的特点，还使译语更加贴近目标语读者，从而打破跨文化交际的壁垒。

（二）意译

意译是指有选择地抛弃源语的语言特点和文化特征，只保留源语意思的翻译方法。由于网络新词是一类特殊的流行语言，其诞生于本国的文化背景下，故翻译一国的网络新词时，难免会出现部分文化空缺。在这种情况下宜采用意译法，尽可能地将源语含义完全呈现出来，以弥补文化的缺失。具体案例如下。

例 5.　ผักชี

例句：อีนั่นหน้า**ผักชี**จริง ๆ ต่อหน้าอย่าง ลับหลังอีกอย่าง

译文：她太**假**了，人前一套背后一套。

分析："ผักชี" 这个词的本义为 "香菜"，后因在泰国有一个关于该词的熟语，即 "ผักชีโรยหน้า"（字面意思为 "将香菜撒在上面"），其含义为 "การทำดีเพียงผิวเผินเพื่อเอาหน้า"（做表面功夫）。在使用过程中，为求简便，泰国网友用 "ผักชี" 来代替该熟语，这就赋予了其新义。"ผักชี" 作为网络新词，意为 "虚伪、假"。反观汉语中的 "香菜" 一词并无 "虚伪" 这个含义，无法与泰语中的 "ผักชี" 实现语义对等。"假" 这个词无论是在词义还是在感情色彩上，都与源语保持着高度一致。故选择将 "ผักชี" 意译为 "假"，在充分再现源语含义的同时又与译入语的文化语境相符合，更容易被译入语读者理解。

例 6.　เผือก

例句：อย่า**เผือก** เรื่องนี้ไม่เกี่ยวกับมึง

译语：别**多管闲事**，这件事与你无关。

分析："เผือก" 这个词的本义为 "芋头"，与泰语中的另一个单词 "เสือก"（插手别人的事)非常相似。由于"เสือก"这个词不太文雅，故泰国人在使用过程中会以"เผือก"代之，这便赋予了"เผือก"新的含义。与例5类似，汉语中的"芋头"一词并无"多管闲事"这个含义，无法与泰语中的"เผือก"实现语义对等。在理解源语的文化背景后，选择将其意译为"多管闲事"，以呈现源语的含义。不难发现，如果只了解源语在字典上的含义，必然会在实际交际过程中产生误会，偏离跨文化交际的目的。

例7. แฟนทิพย์

例句：ดาราคนนี้เป็นแฟนทิพย์ของกูนะ

译文：这个明星是我的**假想情人**。

分析："ทิพย์"这个词的本义为"เป็นของเทวดา"（神仙的）。后经泰国网友的"滥用"，使得其词义发生了巨大的改变。作为网络新词的"ทิพย์"，其含义为"การจินตนาการขึ้นมา สมมติหรือมโนขึ้นมาเอง เพื่อสนองความอยากได้อยากมี"（通过假想来满足个人的欲望）。源语由"แฟน"（伴侣）和"ทิพย์"两个词组成，其含义为"假想出来的伴侣"。在了解了该网络新词的文化背景和含义后，选择将其意译为"假想情人"。如果不熟悉"ทิพย์"这个词演变后的含义，很有可能会将该网络新词理解为"神仙眷侣"而造成误解，从而阻碍交际。

例8. เบอร์นั้น

例句：พี่ชายแกหล่อเบอร์นั้นหรอ อย่าหลอกเรานะ

译文：你的哥哥**那么**帅吗？别骗我。

分析："เบอร์นั้น"这个词由"เบอร์"（号码）和"นั้น"（那、那个）组成，其字面意思为"那个号码"。如果只知道该词的字面含义，必然会在交际中闹笑话。这是因为在实际的网络交流中，"เบอร์"的含义不再局限于"号码"，而是多了一层"ขนาด"（程度）的意味。"เบอร์นั้น"指"那么、那样"，通常跟在形容词后，以强调程度。汉语中的"那么"一词也表程度，故选择将该网络新词意译为"那么"。

在无法以本国网络新语进行套译时，可以考虑采用意译法。在翻译的过程中，译员要在理解源语含义的基础上，最大限度地去重现源语含义，同时还需保证译语不能偏离源语本身的含义，以避免交际过程中出现"鸡同鸭讲"的尴尬局面。

三、结语

网络社交为各国人民提供了互相交流的机会，促进了商业的蓬勃发展。网络也成为大范围的知识汇集地，使交流联系更加便捷。网络社交的主力为年轻群体，要想促进中泰两国年轻群体间的交流，解决语言差异问题必然是当务之急。网络新词作为一种在网络环境中孕育而生的特殊语言，拥有一般语言所不具备的特性，这也是各大翻译软件无法实现翻译网络新词的原因所在。作为文化纽带，网络新词处于一种动态发展的过程，形式和内容不断出新，但并非无迹可寻。只要掌握了网络新词的特点以及产生的背景，准确把握其含义，再辅以可行的翻译策略，便能实现跨文化交际的目的，推动不同文化间的融通。

参 考 文 献

仓理新，刘仲翔，李崇文，2012.流行语折射的网络文化[M].北京：旅游教育出版社.

窦卫霖，杜海紫，2018.中国当下流行新词翻译的可接受性研究[J].华东师范大学学报(哲学社会科学版)，50（6）：65-71，174.

关世杰，1995.跨文化交流学：提高涉外交流能力的学问[M].北京：北京大学出版社.

胡文仲，1999.跨文化交际学概论[M].北京：外语教学与研究出版社.

吉莹，2012.跨文化视角下的网络新词翻译策略[J].中国职工教育（A08）：64.

李珊珊，2018.跨文化视角下汉语网络流行词的英译研究[J].校园英语（14）：217-218.

芒迪，2014.翻译学导论：理论与应用[M].李德凤，等译.北京：外语教学与研究出版社.

王得杏，1990.跨文化交际的语用问题[J].外语教学与研究（4）：7-11，80.

徐云峰，郭晓敏，2013.网言网语[M].武汉：武汉大学出版社.

逸美，2018.汉泰网络语言比较研究[D].天津：天津大学.

张志毅，李智初，张庆云，2015.理论词典学[M].北京：商务印书馆.

กานต์รวี ชมเชย， 2013. "ภาษาไทยเน็ต"： ภาษาเฉพาะกลุ่มของคนไทยรุ่นใหม่ในการสื่อสารทางอินเตอร์เน็ต[J]. กรุงเทพมหานครฯ：มหาวิทยาลัยศรีนครินทรวิโรฒ：9.

จิรัศญานันท์，2011. เก่งครบเครื่องเรื่อง Internet[M].กรุงเทพมหานครฯ：จุฬาลงกรณ์มหาวิทยาลัย.

Translation of Thai Internet Neologisms from the Perspective of Intercultural Communication

XIE Danyu

Abstract: With the constant development of cultural diversity, network neologism has increasingly become a vital language form, which is widely accepted by the public and commonly used in daily communication due to its inherent advantages of being easy to understand, rich in meaning and humorous in language. However, neologisms born in different social forms and cultures have also become a barrier to cross-cultural communication. Based on this, the author collected some Internet neologisms that appeared in Thailand in recent years. Combined with the "substitution strategy" proposed by Javier Franco Aixela, the author discussed the Chinese translation of Thai Internet neologisms from the perspective of intercultural communication, aiming to "ease and solve the issue" for Sino-Thai intercultural communication.

Key words: Thai Internet Neologisms; Substitution Strategy; Cross-cultural Communication

泰语动词名物化的语义特点及
其认知机制研究

摘要： 名物化是当下语言学界研究的热点话题之一，泰语具有名物化现象。本文采用语义特征分析法，结合《泰汉字典》，以朱拉隆功语料库以及硕博论文中的语料为参考对象，从认知语言学的视角对泰语动词名物化的认知机制进行分析说明。研究表明，泰语动词名物化现象的构成方式有词汇型和小句型两种。词汇型名物化是泰语构词的重要手段，主要使用的语法标记有七个——ka:n³³、khwa:m³³、nak⁴⁵、khun³³、kham³³、Khrɯːaŋ³¹、khɔːŋ²¹⁵，添加名物化标记后语法上词性发生转变，由动词转变为名词；语义上词义发生转指，由动词具有的陈述功能转变为指称功能。小句型的名物化是由 thiː³¹ 引导的定语从句。名物化后的动词具有名词的语法功能，可以做句子的主语、宾语和定语。最后研究探讨出泰语名物化产生的认知机制主要的几个方面：转喻机制、类推机制和语言经济原则。

关键词： 泰语；动词名物化；语义特点；认知机制

泰语属于孤立语，是 SVO 型语言，名物化现象在泰语中是一种显著且重要的语法现象。名物化是指具有动词性质的词语在不同语义或句法环境中转变为具有名词性质的词的现象。关于泰语名物化的问题已有学者进行过研究，但是以往的研究主要针对名物化的两个标记 ka:n³³、khwa:m³³，尚未进行全面的研究，因此泰语名物化现象仍然具有研究空间。本文在参照了国内学者对汉藏语言名物化现象的共时层面的描写和历时演变路径的研究后，结合泰语自身的特点，首先以泰语动词的名物化现象为研究对象，不涉及形容词的名物化现象，从共时层面对泰语动词名物化进行描写，将泰语的名物化结构分为词汇型的动词名物化和小句型的动词名物化。其次对泰语动词名物化的句法分布特点进行分析，最后以认知语言学为研究范式对泰语名物化的认知机制进行研究。在前人提出的两个标记的基础上增加了五个名物化标记，将名物化现象与人类的认知挂勾，从新的视角考察泰语动词名物化的现象，是泰语动词名物化研究中一个新的切入点，一定程度上弥补了泰语动词名物化研究

的不足，为动词名物化的语法研究提供了一个语言学的个案，归纳总结出泰语中词汇构造的方式和句法形式的规律，对泰语学习者具有参考和借鉴意义。

一、名物化问题的提出

名物化现象是世界上大多数语言中普遍存在的语法现象，学者们给予了高度重视，是当下语言学界研究的热点话题之一。本节主要就名物化问题的争议对泰语动词的名物化进行界定，同时对国内外关于泰语名物化的研究现状进行说明，最后指出本文的研究目的和意义。

（一）名物化的界定

现代汉语词类问题的讨论由于《暂拟系统》的颁布而暂时告终，在《暂拟系统》中提出的名物化观点，认为位于主宾位置的动词名物化了，具有了名词的特点和功能。但这一说法自提出之日起就备受争议。朱德熙(1961)等人反对名物化的提法，认为动词可以出现在主宾位置是由于汉语自身的语法性质决定的。胡裕树(1994)区分了"名物化"和"名词化"这两个术语，认为名物化是语义层面的提法，名词化是句法层面的提法。近几年有不少学者就名物化问题提出了自己的见解，如李宇明、程工、熊仲儒等。此后，朱德熙在《语法答问》和《定语和状语》中也公开承认了名物化的观点。名物化在争议中逐渐发展。

我们认为泰语中动词名物化的界定需要结合语法功能和语义进行判断。同时，胡裕树(1994)区别了名词化和名物化，但他尚未提及区分二者的根据。因此，文章不再局限于名词化与名物化术语上的区分，将它们统称为名物化，来对泰语动词转变为名词的现象进行研究。

（二）研究现状

有的学者已开始关注泰语中的名物化现象。Amara(1996，2005)指出 ka:n[33] 这个名词化词缀，是由一个表示工作、事务、事情的实词通过语法化手段发展而来。ka:n[33] 用于动作动词前，而 khwa:m[33] 用于状态动词前，但是 ka:n[33] 也有用于状态动词前的情况。并说明了有些动词既可以加 ka:n[33]，又可以加 khwa:m[33]。ka:n[33] 和 khwaam[33] 两个词缀是语法化的结果。[1] James Higbie 和 Snea Thisan(2002)指出可以做前缀也可以做后缀的 ka:n[33] 和 khwa:m[33] 具有将动词转换为名词的作用，同时举出了相应的词汇进行论证。裴晓睿(2001)提及词缀 ka:n[33]、khwa:m[33] 作为名词化词缀的用法。何冬梅(2011)对词缀 ka:n[33] 和 khwaam[33] 在构词上使动词、形容

---

① 陈静怡，《泰语动词的指称化》，载《教育教学论坛》，2018 年第 9 期，第 106-110 页。

词的词性抽象成名词，并从句法的角度对动词词性改变后的句法位置进行了论述。陈静怡(2018)对词缀 ka:n³³ 的分布情况和结构类型进行了简单的论述，后又对作为泰语动词名物化的重要切入口的词缀 ka:n³³ 的指称化形式和句法功能进行论述，对泰语动词指称化的转指进行了分析说明。吴霄霄、姜泽满(2018)从非持续性和持续性过程的视角对泰语的动词名词化现象进行了探讨，指出 ka:n³³ 和 khwa:m³³ 都可以作为动词的名词化前缀，但凸显的概念不同。ka:n³³ 凸显该动词的非持续过程，khwa:m³³ 凸显的是该动词所呈现的状态性结果。

（三）问题的提出

对于泰语名物化，研究关注的学者不多，但已有学者进行研究，现有的研究成果对我们的研究具有引领和指导作用，但是研究的角度较为单一，主要集中于泰语名物化的两个标记 ka:n³³ 和 khwa:m³³ 的作用和句法特点。因此，泰语动词名物化的研究尚有拓展空间，那么泰语的动词名物化现象是否还有其他的呈现方式？以及名物化现象产生的原因是什么？名物化的标记是具有实际意义的词语，那么具有实际意义的词语是如何演变为名物化标记的，演变路径是怎么样的？这些问题是以往学者尚未探讨的领域，也是具有研究价值的一些问题。

文章在前人的基础上对泰语动词名物化的方式进行补充完善，并选取认知语言学理论作为研究范式，从转喻语法理论对泰语动词名物化的产生机制进行研究分析，以弥补泰语动词名物化研究的不足，丰富泰语动词名物化研究的方式与切入角度，以期为泰语动词名物化的语法研究做进一步的补充。

二、泰语动词名物化的结构类型

（一）词汇型动词名物化

词汇型动词名物化是指将具有动词或动词性质的词派生为名词。在泰语中词汇型动词名物化的实现方式主要是添加词缀，词汇型动词名物化是泰语构词的一种方式，主要的名物化词缀有以下七个。

1. ka:n³³

ka:n³³ 来源于巴利语，现已成为泰语构词中主要的手段，原意是工作、事物、事情。ka:n³³ 最初仅用于书面语，后经由社会的发展，逐渐用于口语。ka:n³³ 被加在动词前使该动词变成名词，表示较具体的意义，是泰语动词转换为名词最主要的前缀，意义逐渐虚化为词缀，在 ka:n³³ 与动词结合构成新的词汇中，ka:n³³ 没有意义，仅作为词缀使用。

动词 V		ka:n³³+V=名词	
บิน[bin³³]	飞行	การบิน[ka:n³³ bin³³]	航空
เขียน[khi:an²¹⁵]	写	การเขียน[ka:n³³ khi:an²¹⁵]	写作
ประชุม[pra²¹ chum³³]	开会	การประชุม[ka:n³³pra²¹ chum³³]	会议
กระทำ[kra²¹ tham³³]	做	การกระทำ[[ka:n³³ kra²¹ tham³³]]	行为

2. khwa:m³³

khwa:m³³ 原意是内容、含义、意义，使用范围比 ka:n³³ 窄，用于意念动词之前，或用于状态动词前，使这些动词变成抽象名词。

动词 V		khwa:m³³+V=名词	
รัก[rak⁴⁵]	爱	ความรัก[khwa:m³³ rak⁴⁵]	爱情
จำ[cam³³]	记	ความจำ[khwa:m³³ cam³³]	记性
คิด[khit⁴⁵]	想	ความคิด[khwa:m³³ khit⁴⁵]	思想

3. Nak⁴⁵

Nak⁴⁵ 的意思是者、人，人士，作为前缀使用，表示"……的人"。《泰汉词典》上标明这个词缀来源于柬埔寨语言，是一个外来词缀，添加词缀 Nak⁴⁵ 是泰语中一种派生的构词手法。[①]

动词 V		Nak⁴⁵+V=名词	
เขียน[khi:an²¹⁵]	写	นักเขียน[Nak⁴⁵ khi:an²¹⁵]	作家
ท่องเที่ยว[tho:ŋ⁵¹ thi:a u⁵¹]	旅游	นักท่องเที่ยว[Nak⁴⁵ tho:ŋ⁵¹ thi:a u⁵¹]	游客
ศึกษา[suɯk²¹ sa:²¹⁵]	研究	นักศึกษา[Nak⁴⁵ suɯk²¹sa:²¹⁵]	大学生

4. Khun³³

Khun³³ 的原意是人，作为前缀加在动词之前表示"……的人"。例如，ไข[khai³¹]发烧，加上 Khun³³ 表示发烧的人，也就是"病人"的意思。

动词 V		Khun³³+V=名词	
ขับ[khap²¹]	驾驶	คนขับ[Khun³³ khap²¹]	驾驶员
ใช[chai⁴⁵]	使用	คนใช[Khun³³ chai⁴⁵]	佣人
รัก[rak⁴⁵]	爱	คนรัก[Khun³³ rak⁴⁵]	爱人

---

① 杨光远、史建先，《泰语合成词的构词方式》，载《云南民族大学学报》(哲学社会科学版)，2010 年第 1 期，第 133-136 页。

5. kham³³

kham³³ 原意是词汇、言语，作为动词前缀具有使动词转换为名词的语法功能。

动词 V		kham³³+V=名词	
พูด[phu:t³¹]	说	คำพูด[khan³³ phu:t³¹]	话语、言语
ตอบ[tɔ:p²¹]	答	คำตอบ[khan³³ tɔ:p²¹]	回答、答案
ถาม[tha:m²¹⁵]	问	คำถาม[khan³³ tha:m²¹⁵]	问题

6. Khrɯ:aŋ³¹

Khrɯ:aŋ³¹ 的意思是用品、物品、器具，加在动词前表示与该动作相关联的事物或工具。

动词 V		Khrɯ:aŋ³¹+V=名词	
[kin³³]กิน	吃	[Khrɯ:aŋ³¹kin³³]เครื่องกิน	食物
[tɯ²¹]ดื่ม	喝	[Khrɯ:aŋ³¹tɯ²¹]เครื่องดื่ม	饮料
[len³¹]เล่น	玩	[Khrɯ:aŋ³¹len³¹]เครื่องเล่น	玩具
[bin³³]บิน	飞	[Khrɯ:aŋ³¹bin³³]เครื่องบิน	飞机
[cai⁴⁵]ใช้	用	[Khrɯ:aŋ³¹cai⁴⁵]เครื่องใช้	用具

7. khɔ:ŋ²¹⁵

khɔ:ŋ²¹⁵ 是物品、货物、东西的意思，加在动词前面表示与该动词相关的一类事物。

动词 V		khɔ:ŋ²¹⁵+V=名词	
[kin³³]กิน	吃	[khɔ:ŋ²¹⁵kin³³]ของกิน	吃的、事物
[tɯ²¹]ดื่ม	喝	[khɔ:ŋ²¹⁵tɯ²¹]ของดื่ม	喝的、饮料
[len³¹]เล่น	玩	[khɔ:ŋ²¹⁵len³¹]ของเล่น	玩具
[cai⁴⁵]ใช้	用	[khɔ:ŋ²¹⁵cai⁴⁵]ของใช้	用品
[ra:⁴⁵]รัก	爱	[khɔ:ŋ²¹⁵ra:⁴⁵]ของรัก	珍爱之物

8. 其他名物化词缀

泰语词缀具有标示词性的功能，大部分词缀主要标示名词性。可以改变词根的词性的其他词缀包括 ขึ้[khi:³¹] ผู้[phu:³¹] ตุ[tu²¹] ส [su²¹]等。

动词 V		其他词缀+V=名词	
อิจฉา[ʔit²¹ca:²¹⁵]	嫉妒	ขึ้อิจฉา[khi:³¹ʔit²¹ca:²¹⁵]	爱嫉妒的
ตัดสิน[tat²¹sin²¹⁵]	裁判	ผู้ตัดสิน[[phu:³tat²¹sin²¹⁵]	裁判员
ญา[ja:³³]	识	ตุญา[tu²¹a:³]	智慧
ต[ti²¹]	生	สุต[su²¹ti²¹]	出生

泰语动词的词汇型名物化主要通过添加词汇来实现。朱德熙引入陈述和指称的概念说明谓词性成分做主宾语时会出现"事物化"的倾向，泰语动词词汇型的名物化现象就是由陈述到指称的过程，并用"什么"和"怎么样"的提问来确定指称和陈述。

例 1. เขาเป็นคนไข้

Khau²¹⁵ pin³³khon³³khai³¹

他是病人。

例 2. เขาเป็นไข้

Khau²¹⁵ pin³³khai³¹

他发烧了。

运用朱先生的观点，例 1 可以用"什么"提问，表示指称；例 2 用"怎么样"提问，表示陈述。

朱德熙从语义的角度将谓词性成分的名词划分为两种，提出自指和转指的概念。名词化造成的名词性成分与原来的谓词性成分的所指相同，这种名词化可以称为自指。名词化造成的名词性成分与原来的谓词性成分所指不同，这种名词化称为转指。自指意义只跟谓词自身的意义有关，转指意义则与谓词所蕴含的对象相关。[①] 泰语中的词缀加在谓词性成分之前产生的名词属于转指，不存在自指的词汇型名物化。以泰语中"食物"一词为例，名词形式为ʔa:³³xan²¹⁵；动词 kin³³ "吃"加上词缀构成 khɔ:ŋ²¹⁵kin³³ "吃的"，是词缀+V 构成的名词形式，与原来的动词的自身意义不同，属于转指的范畴，转指谓词所蕴含的受事。反观形态变化丰富的印欧语，如英语，由于动词不能做主语使用的语法规则，所以当动词做主

---

① 朱德熙，《自指和转指——汉语名词化标记"的、者、所、之"的语法功能和语义功能》，载《方言》，1983 年第 1 期，第 16-31 页。

语时需要加"ing"构成动名词或是添加名词词缀，使其成为名词。名物化后的动词可以是自指形式，如"kind"和"kindness"，语义一致，语法功能不同；也可以是转指，"write"和"writer"语义和语法功能都不同。在泰语中动词的词汇型名物化没有自指，是由于动词没必要成为名词形式才能充当主语或是宾语，所以，这种现象是由泰语自身的语法规则决定的。

例 3. เรียนภาษาไทยยากมาก

    ri:an^{33}pha:^{33}sa:^{215}thai^{33}ja:k^{31}ma:k^{31}

    学习泰语很难。

例 4. การเรียนภาษาไทยยากมาก

    Ka:n^{33}ri:an^{33}pha:^{33}sa:^{215}thai^{33}ja:k^{31}ma:k^{31}

    学习泰语很难。

例 5. นักเรียนเรียนภาษาไทยยากมาก

    Nak^{45}ri:an^{33}ri:an^{33}pha:^{33}sa:^{215}thai^{33}ja:k^{31}ma:k^{31}

    学生学习泰语很难。

以上三句以 ri:an^{33} 学习为例，例 3 中的 ri:an^{33} 作为动词做主语，例 4 ri:an^{33} 加上词缀后构成名词做主语，例 5 加上词缀构成名词做主语，此时的 ri:an^{33} "学习"转指为"学生"。例 3 和例 4 的语义和语法功能均改变，因此也证明了泰语中词汇型名物化不存在自指是因为没有语法的需要。同时，例 1 和例 2 之间容易产生歧义。陈静怡在文章中指出，动词在句中零标记的指称化性质是由它处在主语位置上获得的表述功能决定的。词缀 ka:n^{33} 在一定程度上可以消除主谓结构和述补结构之间的歧义。[①] 词缀 ka:n^{33} 的出现限定了例 4 只能是主谓结构。

朱德熙指出凡是真正的名词化都有实在的标记。姚振武就朱德熙的观点提出质疑，指出有些谓词性成分可以不用任何形式的标记而发生转指，并且名词化。那么泰语中是否存在无标记的转指呢？

就以上词汇层面的例子来说，泰语中不存在无标记的转指。即使泰语中存在一些兼类词，如 pra:^{21}tɕu^{33} 作为一个兼类词，动词表示开会、名词表示会议，在表达"开会"这一指称化概念时，仍然需要加上 ka:n^{33}，构成 ka:n^{33}+pra:^{21}tɕu^{33} 的形式。因此，泰语中词汇型动词名物化不存在无标记的转指。

（二）小句型名物化

例 6. คนนี้ที่ใส่เสื้อผ้าขาวเป็นเพื่อนของฉัน

    khun^{33}ni:^{45}thi:^{31}sai^{215}sɯ:a^{31}pha:^{31}khau^{215}pin^{33}phɯ:an^{31}khɔŋ^{215}chan^{215}

---

① 陈静怡，《泰语动词的指称化》，载《教育教学论坛》，2018 年第 9 期，第 106-110 页。

　　　　穿白色衣服的那个人是我的朋友。

　　例 7. คนที่เปิดประตูคือใคร

　　　　khon³³thi:³¹pət²¹pra:tu:³³khɯ:³³khrai³³

　　　　开门的是谁?

　　例 8. นี้เป็นที่ใช้ล็อกประตู

　　　　ni:³¹pin³³thi:³¹chai⁴⁵lɔk⁴⁵pra²¹tu:³³

　　　　那个是用来锁门的。

　　"陈述"和"指称"不仅发生在词法层面也发生在词汇层面。例 8 可以用"什么"来提问, 即 นี้เป็นอะไร[ni:³¹pin³³ʔa²¹rai³³](那是什么?)用"怎么样"提问只能是以下的句式:

　　　　นี้เป็นอยาง[ni:³¹pin³³ja:ŋ³³ŋai³³] 那个怎么样?

　　　　งล็อกประตูอย่างดี[lɔk⁴⁵pra²¹tu:³³ja:ŋ²¹di:³³]锁门的(工具)很好。

　　上述例子在句法层面上, ที่[thi:³¹]是小句型名物化的标记。例 6 中 ที่ใส่เสื้อผ้าขา[thi:³¹sai²¹⁵sɯ:a³¹pha:³¹khau²¹⁵](白色衣服的)做关系从句的定语修饰 คนนี้[khun³³ni:⁴⁵](那个人), 整个句子在标记词 ที่[thi:³¹]的引导下变成名词性结构做定语, 用来指称施事者。例 7 中的 ที่[thi:³¹]将动词 เปิดประะ[pət²¹pra:tu:³³]ตู(开门)名物化, 指称施事者, 开门的人。例 8 中, 指称工具, 用以锁门的工具。

三、汉泰名物化的句法特点

(一)述补结构做主语

　　句子中述补短语做主语时一般要将动词转换为名词, 通过 Ka:n³³+V 的形式实现。[①]

　　例 9. การเที่ยวอย่างสนุกคือ เป้าหมายของเรา

　　　　Ka:n³³ thi:au³¹ʔya:ŋ²¹sa²¹nuk²¹khɯ:³³bau³¹ma:i²¹⁵khoŋ²¹⁵rau³³.

　　　　玩得高兴是我们的目的。

(二)动词或动词短语做谓语

　　例 10. เธอเขียนภาษาไทยอย่างเรียบร้อย

　　　　Thə:³³khi:an²¹⁵pha:³³sa:²¹⁵thai³³ya:ŋ²¹ri:ap³¹rɔi⁴⁵

　　　　他写泰语很工整。

---

① 甘盖尔,《汉泰动词短语分析比较》, 河北师范大学博士论文, 2012 年, 第 123-124 页。

（三）动词或动词短语做主语

例 11. การเขียนอย่างครุมเครือเกินไปก็ไม่ดี

Ka:n³³khi:an²¹⁵ya:ŋ²¹khrum³³khə:³³kə³³bai³³mɑi³¹di³³

写得太笼统不行。

例 12. นักเขียนหนังสือทั้งสองเล่มนี้เป็นบุคคลเดียวกัน

Nak⁴⁵³khi:an²¹⁵naŋ²¹⁵suɯ²¹⁵thaŋ⁴⁵sɔŋ²¹⁵le:m³¹ni⁴⁵ben³³pu²¹khun³³di:au³³ka:n³³

这两本书的作者是同一个人。

（四）动词或动词短语做宾语

例 13. พ่อแม่ต้องใส่ใจกับปัญหาการเขียนของเด็ก

Phɔ³¹me³¹tɔn³¹sai²¹cai³³kap²¹pan³³ha:²¹⁵ka:n³³khi:an²¹⁵khɔŋ²¹⁵dek²¹

父母必须重视孩子的写作问题。

例 10~例 13 以动词 khi:an²¹⁵ 为例，泰语动词名物化后具有名词的语法功能，可以在句子中充当主语、宾语、定语。

（五）动词或动词短语做定语

例 14. พ่อแม่กังวลเกี่ยวกับการเขียนของลูกชายคนน

Phɔ³¹me³¹kaŋ²²un³³ki:au²¹kap²¹ka:n³³khi:an²¹⁵khɔŋ²¹⁵luk³¹chai³³ni⁴⁵

父母为孩子的写作操心。

四、动词名物化的认知机制

（一）认知语言学下的动词名物化

1. 范畴化和非范畴化

认知方式影响我们的语言表达，认知语法认为语言不是一个自足的系统，而是人类一般认知活动的结果和反映，语言能力不独立于其他认知能力而存在，而是与人类的认知能力密切相关，语言机制普遍是人类认知机制中的一部分，所以对语言的描写要参照人的一般认知规律。名物化既是语言现象又是认知心理现象，主宾位置的动词能用名词、代词复指正是认知心理上动作过程化或者事物化、指称化的语言学证据。[1]

范畴化是人类认识世界的基本方式也是人类的基本认知方式之一。对事物进

---

①王冬梅，《现代汉语动名互转的认知研究》，中国社会科学院博士论文，2001 年，第 14 页。

行分类，分类的过程就是范畴化。范畴化使具有共性的事物聚为一类，就词类而言，将具有相似性多、较为一致的归为一类，反之，范畴化最大化地实现人类记忆的快速性和有效性。根据原型范畴化理论原则：（1）范畴成员之间有典型成员和非典型成员之分；（2）范畴边界是模糊的；（3）范畴与范畴之间是一个连续统。① 范畴化边界的模糊性使得词类转换成为可能。

非范畴化也是人类认知的一种方式。刘正光对非范畴化的定义是：在一定条件下范畴成员逐渐失去范畴特征的过程。非范畴化是语言变体和发展的过程。动词的名物化现象属于非范畴化的过程，动词范畴的成员逐渐失去动词性向名词范畴转换。②

泰语动词名物化符合非范畴化的原则。非范畴化减轻了人类记忆负担，原本属于动词范畴的成员担任名词的语法功能，在一定程度上减轻了人类在词汇记忆方面的负担，减少了词汇系统的数量。同时，非范畴化的模糊性也会增加听话者解码语言的难度。

2. 意象分析

认知语言学让语义定义词类成为可能，把语义视为约定俗成的主观意象，从概念上定义词类称为意象分析。意象分析中有两个重要概念，即背景和凸显。背景即某个词语的认知域，也就是预设的某一语义结构涉及的概念领域；凸显即认知域中的"注意的焦点"，也就是观察的角度，是认知域中最显著的部分。词类之间意义上的差别可以由它们在认知域上凸显的不同侧面加以说明。在同一认知域内凸显的侧面不同，形成的意象也不同，所属的词类就不同。③ Langacker(1987)从意象的角度定义了动词和名词：名词勾勒事物，凸显相互联系的一组实体。动词勾勒一个随时间变化的过程，凸显一组实体之间的相互关系。陈述凸显的是关系，随时间变化；指称凸显的是整体，将整个结构视为一个整体。从凸显的角度Langacker就名物化提出了次第扫描和总括扫描的原则。

泰语动词的名物化实际上是用关系转指事物。根据次第原则和总括原则讨论泰语动词的名物化，借此就可以解释为何述补短语做主语需要加名词化词缀将其变为名词化结构。同时可以说明在句法上，名物化后的动词拥有名词的性质，可以做主语、宾语、定语的原因。次第原则讲究动作之间的相互关系，具有序列性，因此不符合序列的动词就不符合此类语法，因此泰语中述补结构做主语不符合次第的原则。总括原则忽略事物中的相互关系，将其视为一个整体，因此在述补结构中因为整个结构被视为事物化的存在，内在的动词特性被整体忽略了。

---

① 吴怀成，《现代汉语动词指称化的层级分布及其类型学思考》，上海师范大学博士论文，2012年，第8页。
② 吴怀成，《现代汉语动词指称化的层级分布及其类型学思考》，上海师范大学博士论文，2012年，第9页。
③ 王冬梅，《现代汉语动名互转的认知研究》，中国社会科学院博士论文，2001年，第23-26页。

3. 名物化的转指

上文讨论了由于词汇的凸显性不同，将凸显关系的动词看作一个整体，解释了泰语名物化中零标记的指称形式可以做主语宾语的原因。除了将关系看作整体外还可以用来关联相关的事物，这就是泰语名物化的转指现象。施事—动作—受事是人类认识外部世界最典型的认知框。施事和受事是其中主要的论元，关系可以指称与之相关联的施事主体，也可以指称受事主体，或是工具等。

泰语词汇型动词名物化中：

（1）关系可以指称施事，以动词的动作含义转指名词。例如，tat^{21}sin^{215} 裁判是裁判员 phu:^{3}tat^{21}sin^{215} 做的事。

ตัดสิน[tat^{21}sin^{215}]	研究	นักศึกษา[nak^{45}suk^{21}sa:^{215}]	大学生
ตัดสิน[tat^{21}sin^{215}]	裁判	ผู้ตัดสิน[[phu:^{3}tat^{21}sin^{215}]	裁判员
เขียน[khi:an^{215}]	写	นักเขียน[nak^{45}khi:an^{215}]	作者

（2）关系指称受事，使用动作的含义指称名词。

ไข[khai^{31}]	发烧	คนไข[Khun^{33}khai^{31}]	病人
กิน[kin^{33}]	吃	เคเครื่องกิน[Khru:aŋ^{31}kin^{33}]	吃的
ใช[chai^{45}]	用	คน ใช[Khun^{33}chai^{45}]	佣人

（3）关系指称工具。

บิน[bin^{33}]ι	飞	ครื่องบิน[Khru:aŋ^{31}bin^{33}]	飞机
ใช[chai^{45}]ι	用	เครื่องใช[Khru:aŋ^{31}cai^{45}]ι	用具
เล่น[len^{31}]	玩	ของเล่น[kho:ŋ^{215}len^{31}]	玩具

（4）关系指称思想内容。

กระทำ[kra^{21} tham^{33}]	做	การกระทำ[ka:n^{33}kra^{21} tham^{33}]	行为
รัก[ra:^{45}]	爱	ของรัก[kho:ŋ^{215}ra:^{45}]	珍爱之物
คิด[khit^{45}]	想	ความคิด[Khwa:m^{33}khit^{45}]	思想

(二) 名物化的认知机制

1. 概念物化

概念物化是人的基本认知机制,在认识世界时,我们需要为事物命名,这样的命名方法就属于概念的物化。我们具有无限的创造力,可以做到为所有所见之物随意命名。可是这样的命名方式会产生大量的词汇,为记忆和语言的使用造成困难。因此,在现实生活中人们并没有采用这样的方式,而是用已有的动作转指整个事物。这样的做法既减少了需要记忆的词汇,满足语言经济的要求,又方便了言语交际。概念物化是出于指事性的需要,在交谈会话中,话题是交际的中心,也是句法中的NP。而概念物化的根本逻辑是语法转喻。

2. 转喻机制

Lankaker 关于转喻的定义是:转喻本质上是一种参照点现象。更准确地讲,通常用转喻表达的实体作为参照点,为所需的目标实体提供心理通道。

王冬梅根据本体和喻体之间的关联性把转喻思维模式概括为:整体—部分、领有者—领有物、地点—机构等。转喻是一种认知过程,在同一个认知框内,以一个概念为参照点建立与另一个概念的心理联系。目标概念就是本体,做参照点的概念就是喻体,在认知语法中,词类的转换就是概念转喻。

在转喻理论的指导下,泰语动词实现名物化满足语言经济的原则,一方面限制了过多词汇的产生,另一方面用动作凸显性强的地方指称事物,方便记忆,使用起来简单。语言是为人类沟通交流服务的,一切原则都应满足人类使用的便利。

3. 隐喻机制

隐喻是用已知领域理解位置领域的认知方式,由域源和目标域两部分组成,把域源投射到目标域,通过域源的结构建构和理解目标域。隐喻包含概念隐喻和语法隐喻。其中语法隐喻中的概念语法隐喻的主要表现形式是语言中的名词化现象。吴怀成从激活的角度赞同陆俭明的观点,认为隐喻和转喻没有明确的界限。将转喻和隐喻共同理解为人们的思维方式。[①]

4. 类推机制

类推是一种常用的逻辑思维模式和认知技能,常被称为"结构的相似性",在相同的模式中探索并归纳相似的结构。人在积累一定的经验后,对新事物探索总结出新的模式,在探索中人会自觉地将自身经验与新事物联系。类推机制在某

---

① 吴怀成,《现代汉语动词指称化的层级分布及其类型学思考》,上海师范大学博士论文,2012年,第82-84页。

浅析顺吞蒲作品对泰国文学艺术的影响

戴天① Kornwipa Nachaisin②

摘要： 近些年随着中国"一带一路"倡议发展的实施，中国对东亚、东南亚等地区的国家了解也越来越多。泰国，作为东南亚地区的强国，也是中国在各个方面的重要合作伙伴，中国人民对泰国了解程度较高，但即便如此，我国大部分民众对泰国的了解也仅限于泰国的旅游、农产品、风景等，而对泰国本身的文化底蕴和文化内涵并没有过多的了解，如泰国的历史、文学等。基于此，本文的主要目的是介绍泰国诗人顺吞蒲及其作品对泰国文学、艺术等的影响，以增进读者对泰国文学艺术的了解。

关键词： 顺吞蒲；泰国文学；影响；社会

一、前言

在中华上下五千年的历史长河中出现了不计其数的文人墨客，他们对中国文化的发展产生了重要的影响。在泰国也有一位极其优秀的诗人，生于文学盛世，其作品影响深远，在整个泰国文学史上都留下了浓墨重彩的一笔，他就是泰国著名的浪漫主义派诗人、作家顺吞蒲（Sunthorn Phu，1786—1855）。

顺吞蒲作为泰国最著名的浪漫主义派诗人之一，有着和"诗仙"李白一样崇高的地位，其代表作《帕阿派玛尼》《昆昌与昆平》等不仅在泰国人尽皆知，更是为世界众多读者所称赞。1986 年，联合国教科文组织把他列为"世界十大诗人"之一，他也是泰国历史上的"桂冠诗人"，被人们称为"格伦之父"，在泰国文学史上占有重要地位。此外，顺吞蒲及他的作品在文学艺术上的成就不仅影响了后来的泰国诗人，也对泰国普通人民的生活和思想产生了极其深远的影响。然而，即便顺吞蒲如此著名，国内却很少有对他的个人或代表作的研究。本文通过对顺吞蒲的部分代表作的分析，介绍顺吞蒲对于泰国社会、文学以及人们生活的影响，以帮助更多中国学者和民众了解这位伟大的泰国文学家。此外通过本文浅显的分析，也希望国内大众对泰国的印象不要只局限在"微笑的国度"这个标签上，而能够略微深入地去了解泰国的文化底蕴，从而促进两国人民的友好和谐来往。

---

① 作者简介：戴天，本科毕业于成都大学泰语专业，现就职于中铁二十三局集团第三工程有限公司。

② 作者简介：Kornwipa Nachaisin，硕士毕业于广西师范大学，现任教于成都大学外国语学院。

王振华，王冬燕，2020. 从动性、质性到物性：对比英汉两种语言中的名物化语言现象[J]. 外国语(上海外国语大学学报)（1）：13-22.

杨光远，史先建，2010. 泰语合成词的构词方式[J]. 云南民族大学学报(哲学社会科学版)（1）：133-136.

姚汉铭，1986. 动词"名物化"问题新探[J]. 殷都学刊（3）：114-124.

朱德熙，1983. 自指和转指——汉语名词化标记"的、者、所、之"的语法功能和语义功能[J]. 方言（1）：16-31.

朱德熙，卢甲文，马真，1961. 关于动词形容词"名物化"的问题[J]. 北京大学学报(人文科学版)（4）：51-64.

赵彩红，2019.现代汉语动词名化的有标无标[J]. 中国冶金教育（6）：111-114,120.

Semantic Characteristics and Cognitive Mechanism of Verb Nominalization in Thai

XIONG Mei

Abstract: Nominalization is one of the hot topics in linguistic research, The Thai language has nominalization. This paper adopts semantic feature analysis method, The corpus of "Thai-Chinese Dictionary", Chulalongkorn corpus and the corpus of master and doctoral thesis are used as reference objects. Using metonymy grammar theory of cognitive linguistics, this paper studies the cognitive mechanism of verb nominalization in Thai, the research shows that there are two kinds of verb nominalization in Thai: lexical form and small sentence pattern. Lexical nominalization is an important means of word formation in Thai, mainly using seven grammatical markers: $ka:n^{33}$, $khwa:m^{33}$, nak^{45}, $khun^{33}$, $kham^{33}$, $Khrɯ:aŋ^{31}$, $khɔ:ŋ^{215}$. After the addition of nominalization mark, the part of speech changes grammatically, from verb to noun, from declarative function of verb to referential function. The verb nominalization of the small sentence pattern is the attributive clause introduced by $thi:^{3}$.Thai verb nominalization, Verbs can act like nouns as the subject, object and attribute of a sentence. Finally, the paper discusses the cognitive mechanism of nominalization of mobiles from two aspects: metonymy mechanism and linguistic economic principle.

Key word: Thai Language; Thai Verb Nominalization; Semantic Characteristics; Cognitive Mechanism

浅析顺吞蒲作品对泰国文学艺术的影响

戴天[①] Kornwipa Nachaisin[②]

摘要： 近些年随着中国"一带一路"倡议发展的实施，中国对东亚、东南亚等地区的国家了解也越来越多。泰国，作为东南亚地区的强国，也是中国在各个方面的重要合作伙伴，中国人民对泰国了解程度较高，但即便如此，我国大部分民众对泰国的了解也仅限于泰国的旅游、农产品、风景等，而对泰国本身的文化底蕴和文化内涵并没有过多的了解，如泰国的历史、文学等。基于此，本文的主要目的是介绍泰国诗人顺吞蒲及其作品对泰国文学、艺术等的影响，以增进读者对泰国文学艺术的了解。

关键词： 顺吞蒲；泰国文学；影响；社会

一、前言

在中华上下五千年的历史长河中出现了不计其数的文人墨客，其中大多都对中国的文化发展有或多或少的影响。在泰国也有一位极其优秀的诗人，生于文学盛世，其作品影响深远，在整个泰国文学史上都留下了浓墨重彩的一笔，他就是泰国著名的浪漫主义派诗人、作家顺吞蒲（Sunthorn Phu，1786—1855）。

顺吞蒲作为泰国最著名的浪漫主义派诗人之一，有着和"诗仙"李白一样崇高的地位，其代表作《帕阿派玛尼》《昆昌与昆平》等不仅在泰国人尽皆知，更是为世界众多读者所称赞。1986年，联合国教科文组织把他列为"世界十大诗人"之一，他也是泰国历史上的"桂冠诗人"，被人们称为"格伦之父"，在泰国文学史上占有重要地位。此外，顺吞蒲及他的作品在文学艺术上的成就不仅影响了后来的泰国诗人，也对泰国普通人民的生活和思想产生了极其深远的影响。即便顺吞蒲如此著名，国内却很少有对他的个人或代表作的研究。本文通过对顺吞蒲的部分代表作的分析，介绍顺吞蒲对于泰国社会、文学以及人们生活的影响，以帮助更多中国学者和民众了解这位伟大的泰国文学家。此外通过本文浅显的分析，也希望国内大众对泰国的印象不要只局限在"微笑的国度"这个标签上，而能够略微深入地去了解泰国的文化底蕴，从而促进两国人民的友好和谐来往。

---

① 作者简介：戴天，本科毕业于成都大学泰语专业，现就职于中铁二十三局集团第三工程有限公司。
② 作者简介：Kornwipa Nachaisin，硕士毕业于广西师范大学，现任教于成都大学外国语学院。

本文的主要内容从大体上可分为两个方面：第一，顺吞蒲的作品对泰国文学的影响；第二，其作品对泰国人民思想的影响。本文通过分析顺吞蒲的作品在不同领域所产生的不同影响，来凸显他在泰国历史长河中的重要地位。

二、顺吞蒲及其主要作品介绍

（一）顺吞蒲生平经历

顺吞蒲，全译名拍·顺吞沃汉，又称蒲，泰国曼谷王朝初期著名浪漫主义派诗人。1786 年生于泰国曼谷曼谷莲县，自幼随母入宫，在吞武里一所寺院里接受了启蒙教育，后做过文书。因与簪恋爱而被治罪，获释后在去格楞城找父亲的途中写了《格楞城游记》一诗。他与簪结婚，后又离婚，后来的诗作大多寄托着对她的怀念。曼谷王朝二世时，顺吞蒲在朝廷任职，深受国王宠信，官至太傅；三世王继位后，以不敬国王为由，免除了他的官职，顺吞蒲愤而出家，后来还俗，生活潦倒；四世王帕宗告时又受到重用，再次为官六年，直至 1855 年于曼谷吞武里皇宫中逝世。

顺吞蒲一生命运坎坷。他身世不明，相关资料中只记载了其父亲是罗勇府的一个村民，母亲是其他府的人，连姓名都并无记载，甚至连父母的籍贯在泰国文学界都存在巨大的争议。在感情方面，顺吞蒲二十岁时爱上了皇宫中的一名贵族女子，名叫簪，两人一见钟情，却不被当时的社会所允许，遭到了逮捕和惩罚，被驱逐出宫。虽然后来两人结了婚，但生下孩子不久后又因为他酗酒和不专一等原因使得两人走向了离婚的结局。仕途方面，即便顺吞蒲早年就入了宫并且最终在皇宫里寿终正寝，但纵观其一生的仕途，并不顺遂。一世王时他入宫为官，后来却因政治纷争和醉酒误事而两次离宫；二次离宫后又因撰写《帕阿派玛尼》而声名大噪再次被召入宫，官复原职；而拉玛三世登基之后又以顺吞蒲不敬国王为由将其再次驱逐出宫；四世王登基后才将他再次传唤进宫，直到他逝世。

顺吞蒲擅长创作长篇叙事诗和游记，众多作品都流传至今并有着不俗的影响。例如，《帕阿派玛尼》被泰国文化委员会评为泰国长篇叙事诗创作的巅峰，这部作品也最能体现出顺吞蒲的创作风格和人生态度；其《太阳嘎普》《抱木里游记》等被选入泰国的教材；此外，其代表作还有《格楞城游记》《训言长诗》《素攀游记》等，都广为流传。

1986 年，顺吞蒲两百周年诞辰之际，联合国教科文组织将其评为世界著名诗人。同年，泰国政府和泰国文化委员会宣布将 1986—1987 年定为"顺吞蒲年"，其间发表的所有与顺吞蒲相关的作品都将被收录在一起，以纪念顺吞蒲对泰国文学做出的伟大贡献。

（二）顺吞蒲部分重要作品介绍

1.《格楞城游记》（1806）

《格楞城游记》是顺吞蒲的一部游记诗作品，记录了他在去格楞城途中的所见所闻。顺吞蒲离开曼谷之后乘船去格楞城找他的父亲，同行的还有顺吞蒲的两个徒弟，此外还有来自罗勇府的居民盛先生。盛先生指导顺吞蒲如何渡过危险的像鳄鱼河这一类的河流，最后在北标府登陆上岸，再走陆路到达罗勇府。但是顺吞蒲却并没有见到他的父亲，因为他的父亲在格楞城的一座寺庙里当住持。顺吞蒲在《格楞城游记》中描述了整个路程的艰难、路程中的地形地貌，以及沿途所见的人们的生活。顺吞蒲也曾下定决心要和父亲待在一起，出家为僧，但因自己严重的病情而搁置，在病情好转之后就又回到了曼谷。

2.《帕阿派玛尼》（1821—1845）

《帕阿派玛尼》是顺吞蒲最著名的代表作之一，全诗以格式体写成，长达24500 行，是泰国最长的叙事诗，规模宏大。主人公帕阿派玛尼是拉达纳城素塔国王与巴吞王后的王子，他还有一位弟弟叫西素旺。国王在他们成年后派他们出去游历，学习可以继承王业的本事。帕阿派玛尼学会了吹奏魔笛，可以让听到他笛声的人昏睡过去，但是国王并不满意，因此将帕阿派玛尼和他的弟弟赶出了城。途中，帕阿派玛尼被女夜叉抓进洞中，强迫他与她成亲，并生下了一个儿子欣萨姆。后来帕阿派玛尼带着欣萨姆投奔了奇异岛的修士，在岛上遇到了西拉猜国王的女儿素婉玛丽公主，并与这位公主成婚。这惹怒了素婉玛丽公主原本的成婚对象武沙林，双方展开大战，武沙林战死，武沙林的妹妹拉薇公主为了给哥哥报仇，也参与了和帕阿派玛尼的作战。帕阿派玛尼被拉薇公主施了魔咒，和拉薇公主回到了格楞城，拉薇公主还教唆帕阿派玛尼去攻打他原本属于的那一方，最终奇异岛的修士们化解了这场危机，两国太平，帕阿派玛尼也最终出家为僧。自此故事算是圆满结束。

3.《尼那蒙甘》（1845）

《尼那蒙甘》是顺吞蒲众多游记诗中的一部代表作，全诗长 418 行，讲述了1831 年 3 月，时年 46 岁的顺吞蒲乘船前往碧武里府的故事。据说这部游记是在顺吞蒲出家期间所创作的，因为有许多内容提到了慈善事业。而且相传在这段时期，顺吞蒲已经和妻子分开，因为在游记中的许多部分都体现出顺吞蒲不悦的心情。据泰国专家 Chanthumwilai 假设，是因为顺吞蒲的前妻簪和她的丈夫当时住在碧武里，当顺吞蒲路过她的家时却不敢进去拜访，因为他知道里面有一些他不敢面对的东西。在 1986 年，这篇游记还被发现有其他的手稿，而通过前后资料的对比验证，学者们也从中了解到顺吞蒲母亲的祖先可能就是碧武里府的住民。

4.《训言长诗》(1828—1829)

这部作品是顺吞蒲写给他在穷困潦倒、走投无路时所教授过的两位王子的，在诗中他以师者的身份教授他们关于国家治理的知识和技能。这部长诗主要包括两个部分，一部分与顺吞蒲对王子们的教学内容相关，另一部分则是关于顺吞蒲本身的生活经历。在教学部分中较为重要的是教育王子们要学贯古今，将学习到的内容转化为自己的学识和能力，并将其用在皇宫中的生活以及对政治的把握上。此外还提到了有关人与人之间交往的规范，教育人们不要进行以欺骗为目的的交流，做到"结有德之朋，绝无义之友"。最后，作品还提到有关尊严、忠实等多个方面的内容。而顺吞蒲在有关自身生活经历的部分，则只是提到了自己穷困的生活，以及对于两位王子殿下的关切和祝福等。

三、顺吞蒲作品对泰国文学、思想的影响

(一)顺吞蒲作品对泰国文学的影响

泰国文学自泰国第一个王朝素可泰王朝开始算起，迄今已有五百余年的发展历史，而顺吞蒲所处的曼谷王朝则是泰国文学的顶峰时期，尤以二世王和三世王时期最为鼎盛，这也是顺吞蒲的作品大量面世的时期，这些作品也给后世的泰国文学带来了巨大的影响，其中游记诗的影响最大。顺吞蒲的游记诗总数较多，因此也有不少人误认为一些无法考证作者的、题材和体裁相似的作品都是顺吞蒲创作的。

研究发现，顺吞蒲的作品对后来的游记诗创作者们的影响主要体现在三个方面：①押韵、节奏与用词特点；②大量运用缩略词；③文笔的运用。

首先，在押韵、节奏与用词特点方面，顺吞蒲的游记诗中所用词语都采用既有美好积极的意义，又读起来朗朗上口的词语，而在许多后世的作者的作品中也可以看到这样的特点。例如，顺吞蒲在《素攀游记》里这样写道：

เห็นโรงหีบหีบอ้อยอร่อยอรรส น้ำอ้อยหยดหยาดหยัดไม่ขัดขืน

กะทะโตเตาใหญ่ใส่ไฟฟืน ไม่ทำอื่นทำแต่การน้ำตาลทราย

顺吞蒲在这段中所使用的相邻的词语大多都是元音或者辅音，又或者声调相同的词语，从而读起来更顺口，更有节奏感。而在一些别的作者的作品中也可以很明显地看到这样的特点，如在与顺吞蒲同一朝代的作者乃米创作的《尼那帕他

东琅》中：

ดารารายพรายพร่างน้ำค้างย้อย หวนละห้อยโหยจิตคิดวิล

หักใบไม้ลงนอนกับดอนดิน เขาหลับสิ้นเสียงเงียบยะเยียบเย็น

从这一小段中可以看出乃米在创作时借鉴了顺吞蒲的用词特点。又如四世王时期的著名诗人莫木拉戳太在其作品中写道：

ถึงอ่าวยางคิดระคางด้วยยางรัก ช่างเหนี่ยวหนักหน่วงใจจนผ่ายผอม

สุดจะคิดปลิดปลดเฝ้าอดออม คงจะอมเสียเพราะงามเมื่อยามครวญ

在这一段中，作者在用词的选择、句子整体的节奏，以及前后押韵的处理上都很明显地借鉴了顺吞蒲的风格。如，拉玛三世时期的著名诗人銮扎功巴尼在其作品中同样采用了顺吞蒲的这种风格：

โอ้อ้อยเอ๋ยเคยกลืนชื่นคอหอย หวานอร่อยรสชาติประหลาดหลาย

ข้างต้นหวานพานจะชืดไปจืดปลาย เหมือนหญิงชายใจจางหมางอารมณ์

其次，大量运用缩略词。在顺吞蒲的大多数作品中我们可以看到许多平时不常见的词甚至没见过的生词，因为他在作品中偏好使用缩略词，如把"อภิปราย"写作"ภิปราย"，把"อนิจจา"写作"นิจจา"。而此种写法也受到了后来的诗人的广泛效仿，上述所举的三位诗人都曾在他们的作品中多次采用缩略词，从而达到使句子更通顺、节奏感更强等效果。

最后，在文笔的运用方面，顺吞蒲擅长运用诗句来探讨人们的天性，或者用诗句向读者传递知识信息，并做详细的阐述解释等。而同样的，在乃米、莫木拉戳太、銮扎功巴尼这三位诗人的作品中也都同样采用了这种风格的创作手法。

对于更后来的小说创作者们来说，顺吞蒲的《帕阿派玛尼》无疑是最大的灵感来源。《帕阿派玛尼》作为顺吞蒲最著名的作品，读者受众也远远多于顺吞蒲的其他作品，因此，在潜移默化之中后世文学的创作也就受到其影响。从时间上说，泰国文学史上大量的小说是在拉玛五世之后，确切地说是在顺吞蒲逝世之后涌现出来的；从小说的形式内容上来说，大部分都形似"岛寺小说"类型，而前人已证明顺吞蒲的作品对"岛寺小说"影响不小；从写作方法上说，部分后世的小说在语言词汇的用法、句子的节奏掌握和押韵等方面都与顺吞蒲的作品有极大的相似度；在内容的设定上，有部分小说会直接选择与顺吞蒲作品相似或者相同的设定，如人名、背景等。综上所述，顺吞蒲对于同时代的小说创作者产生了或多或少的影响。

顺吞蒲对泰国近现代文学的创作也有一定影响，而最为明显的就是在现代诗歌的词汇用法和押韵上。据研究发现，若想要泰语诗歌中的语言能够更加优美动听，就必然要使用顺吞蒲常用于押韵的几个固定词汇，如"ไฮ้""เอ๋ย"等。此外，泰国许多现代诗人在进行创作的时候都会模仿顺吞蒲的文笔运用风格。由此可见，无论是在哪个时代，无论是在写作内容还是创作风格、形式上，顺吞蒲的作品都对其之后的泰国诗人、作家们有着许多影响。

（二）顺吞蒲作品对泰国人思想观点的影响

作为顺吞蒲最出名且最重要的作品之一，《帕阿派玛尼》无疑对泰国人民的思想观点有着重要的影响。《帕阿派玛尼》全文共有 129 行，共 108 个隐喻词，其中，反映权力价值观的隐喻词共计 51 个，约占 47%；反映宗教和自然价值观的隐喻词共计 43 个，约占 40%；反映消费主义价值观的隐喻词共计 7 个，约占 6%；反映维护人际关系价值观的隐喻词共计 4 个，约占 4%；反映享受乐趣价值观的隐喻词共计 3 个，约占 3%；

另外，在泰国价值观中人们认为时间是"无限"且"循环"的，如顺吞蒲就曾写下以下诗句：

ว่าขอโทษโปรดอย่าให้ฆ่าตี เหตุทั้งนี้เพราะว่ากรรมกระทำไว้

ไม่หุนหันฉันทาพยาบาท นึกว่าชาติก่อนกรรมจะทำไฉน

จะฆ่าฟันมันก็ซ้ำเป็นกรรมไป ต้องเวียนว่ายเวทนาอยู่ช้านาน

这一段反映了泰国人对宗教的态度，以及对前世和来生的信仰，相信生死循环等，后世的一些成语、俗语也带有此种色彩，如"ทำดีได้ดี ทำชั่วได้ชั่ว"（意为"善有善报，恶有恶报"）等等。

四、研究结论及建议

（一）研究结论

本文针对顺吞蒲及其作品对于泰国社会的影响进行了研究。研究发现顺吞蒲的作品对泰国的文学、思想具有一定的影响。顺吞蒲的文学成就有目共睹，其后的诗人或是小说创作者在创作的时候都会主要从用词、韵律以及内容节奏这三个大的方面对顺吞蒲进行模仿，顺吞蒲开创了以格伦进行创作的先河，而后世纷纷模仿却无出其右，顺吞蒲对后世文学的影响是巨大的。顺吞蒲的作品对泰国人的思想价值体系也有着不小的影响，包括宗教、信仰和自身等多个方面，大到对生死的领悟、对时间的领悟，小到对自身时间的安排，都无不体现着浓厚的"信仰感"。而不得不提的是，顺吞蒲在思想价值体系方面，尤其女性对本身的认知或社会对女性的价值取向方面影响极大。

（二）研究建议

由于笔者本身水平有限，未能对顺吞蒲的所有作品进行详细阅读和理解，可能对部分内容存在误读，又或因文化差异导致理解偏差。此外，由于国内对顺吞蒲的研究过少，本文参考的文献大多是外语文献，所以在借阅参考文献时会有遗漏或理解偏差，希望后来有能力者能将其完善。另外，本文只对顺吞蒲作品对文学和思想方面的影响进行研究，希望后来的研究者可以从其他不同角度对顺吞蒲的影响进行更深入的研究。

参 考 文 献

范荷芳，1985.泰国文学介绍[J].国外文学（2）：83-115.

赖艳,2017.泰国文学《帕阿派玛尼》女主角素婉玛丽的人物性格分析[J].新教育时代电子杂志(学生版)（41）：215+188.

李健，2005.泰国近代文学的起因与发展[J].解放军外国语学院学报（1）：106-110.

李小梅，2012.泰国古代文学初探[J].临沧师范高等专科学校学报（2）：35-39.

刘莉，蒋应辉，2014.泰国古典文学发展述略[J].攀枝花学院学报，31（5）：41-44.

叶莹莹，2011.顺吞蒲及其作品研究[D].昆明：云南大学.

赵昌玲，罗敏瑕，2016.浅谈泰国文学作品《帕阿派玛尼》的文学类型[J].魅力中国（21）：240.

ศิรินทิพย์ สุขีรัตน์, 2547. ความสัมพันธ์ระหว่างวรรณกรรมนิทานภาคใต้กับวรรณกรรมสุนทรภู่และภาพสะท้อนของวัฒนธรรมท้องถิ่น. สาขาวิชาวรรณคดีไทย. ภาควิชาภาษาไทย. คณะอักษรศาสตร์. จุฬาลงกรณ์มหาวิทยาลัย.

ชลดา เรืองรักษ์ลิขิต, 2548. อิทธิพลของงานสุนทรภู่ที่มีต่อนิทานวัดเกาะ. วารสารภาษาและวรรณคดีไทย. 22.

สุวรรณา เกรียงไกรเพ็ชร์, 1971. พระอภัยมณี: การศึกษาในเชิงวรรณคดีวิจารณ์. บัณฑิตวิทยาลัย จุฬาลงกรณ์มหาวิทยาลัย แผนกวิชาภาษาไทย.

ชญานิศ นาคีรักษ์, 2013. การดัดแปลงพระอภัยมณีของสุนทรภู่เป็นสื่อร่วมสมัย. สาขาวิชานิเทศศาสตร์. คณะนิเทศศาสตร์. จุฬาลงกรณ์มหาวิทยาลัย.

ยุวดี ดำรงพันธ์, 1994. โวหารภาพพจน์ในนิราศสุนทรภู่. สาขาวิชาภาษาไทย (สายวรรณคดีไทย) หาวิทยาลัยสงขลานครินทร์.

สาทิด แทนบุญ, 2008. วรรณกรรมคำสอนของสุนทรภู่ที่ส่งผลต่อวิถีชีวิตคนในสังคมไทย.สาขาวิชาไทยศึกษา. คณะมนุษยศาสตร์และสังคมศาสตร์. มหาวิทยาลัยบูรพา.

อำภาพร รินปัญโญ, 2008. วัจนภาษาคำสอนในวรรณคดีไทย เรื่อง พระอภัยมณี.สาขาวิชาภาษาไทย. บัณฑิตวิทยาลัย. มหาวิทยาลัยราชภัฏเชียงใหม่.

สาทิด แทนบุญ, 2015. วรรณกรรมคำสอนของสุนทรภู่ที่ส่งผลต่อวิถีชีวิตของคนในสังคมไทย สาขาวิชาไทยศึกษา คณะมนุษยศาสตร์และสังคมศาสตร์ มหาวิทยาลัยบูรพา.

นวพร คำเมือง, 2005. เปรียบเทียบทวงทำนองการประพันธ์นิทานคำกลอนเรื่องกายนครกับสุภาษิตสอนหญิง สาขาวิชาภาษาไทย มหาวิทยาลัยศรีนครินทรวิโรฒ.

ภควัฒน์ บุญญฤทธิ์, 2013. ความหมายเชิงลึกที่สะท้อนค่านิยมไทยอันเกิดจากการวิเคราะห์ถ้อยคำอุปลักษณ์ (Metaphor Analysis) ในหนังสือ "วรรคทองในวรรณคดี"ฉบับราชบัณฑิตยสถาน ในส่วนวรรณกรรมของสุนทรภู่ สาขาวิชาการสื่อสารประยุกต์ คณะภาษาและการสื่อสาร สถาบันบัณฑิตพัฒนบริหารศาสตร์.

พัชลินจ์ จีนนุ่น. ทธิพลของสุนทรภู่ที่มีต่อการสร้างสรรค์หนังสือวัดเกาะภาคใต้ช่วงพ.ศ. 2470-2520 สาขาวิชาภาษาไทย คณะมนุษยศาสตร์และสังคมศาสตร์ มหาวิทยาลัยทักษิณ.

A Brief Study on the Influence of Sunthorn Phu's Works on Thai Literature and Art

DAI Tian, KORNWIPA NACHAISIN

Abstract: With the implementation of the strategic development of "the Belt and Road Initiative" in recent years, China has also learned more and more countries in East Asia, Southeast Asia and other regions. Thailand, as a strong country in Southeast Asia, is also an important cooperative partner of China in all aspects, and the Chinese people have a high degree of understanding of Thailand, but even so, for most of Chinese, the understanding of Thailand has been only in the process of tourism, products, the humanities atmosphere, etc. There is not much understanding of the cultural heritage and cultural connotation of Thailand itself, such as Thailand's history and literature. Based on this, the purpose of this study is to let Chinese readers understand Thai poet Sunthorn Phu and his main works, and introduce the influence of Sunthorn Phu's works on Thai literature and art, and then help us understand Thai literature and art.

Key Words: Sunthorn Phu; Thai Literature; Influence; Society

社会发展

半岛以南，海岛以北：泰国华人群体的分化及差异[①]

杨新新　　张田阳[②]

摘要： 泰国华人主要分为两大群体，一部分为出于经济动机，由中国东南沿海地区经海路自由迁往泰国中部、南部地区定居的华人群体；另一部分为因战乱原因，被迫经中南半岛北部山区跨境通道迁往泰国北部山区的云南籍华人群体。以上两类来自不同地区，拥有不同背景、经历，拥有不同发展过程的泰国华人群体呈现出的差异，也是泰国南北差异的体现。研究泰国两大华人群体的分化和差异，有助于整体上加深对泰国社会历史与现状的了解。

关键词： 泰国；华人；南北差异；海岛

从现有可见的文献来看，学界最早对泰国华人群体的研究，始于对来自中国广东、福建沿海地区经由海路进入泰国，目前主要在泰国中部、南部等地定居的华人群体的关注。这些研究的关注重点与侧重点主要集中于分析这些华人如何融入泰国本地社会并与当地政治、经济、文化发生关联互动。[③]除了泰国中部、南部地区的华人群体，在泰国北部靠近缅甸、老挝等地的山区同样生活着以族群为单位的华人群体。[④]泰国北部山区的华人群体主要来自中国云南等地，他们沿中南半岛的陆上通道进入泰国北部山区。他们迁入并融入泰国社会的过程呈现出与泰国中部、南部等地较为不同的特征。近年来，学界对泰国北部山区华人群体愈发关注，关于他们的移民背景、移民过程和融入过程的研究成果可谓层出不穷。[⑤]

事实上，在东南亚区域国别研究中，也有学者依据区域地理条件的不同将之

---

① 本文是国家民委"一带一路"国别和区域研究中心东南亚研究中心、西南民族大学中央高校基本科研业务费东南亚研究中心专项资助项目"一带一路与澜湄合作背景下的泰北山区华文教育研究"的研究成果，项目批准号：2020PTJS05003。

② 作者简介：杨新新，男，1987年生，重庆市人，中国社会科学院历史理论研究所博士后；张田阳，女，2000年生，河北沧州人，中国人民大学历史学院硕士研究生。

③ 施坚雅，《泰国华人社会：历史的分析》，许华等译，厦门：厦门大学出版社，2010年，第1-2页。

④ Chang WenChin. *Beyond the Military：The Complex Migration and Resettlement of the KMT Yunnanese Chinese in Northern Thailand.* Leuven：Katholieke Universiteit Leuven, 1999, pp. 1-2.

⑤ 黄建军、柯保合、杨新新，《泰北华人文化研究》（第一辑），清莱：皇太后大学孔子学院出版社，2019年，第85-93页。

分为半岛东南亚与海岛东南亚。其中，马来西亚、新加坡、印度尼西亚、菲律宾等国家被归入海岛东南亚范畴，老挝、越南、缅甸、柬埔寨和泰国等国家则被归入半岛东南亚范畴。如果按照地理区位划分，地处中南半岛的泰国毫无疑问将被划入半岛国家。但从泰国的实际情况来看，由于其国土南北自然环境条件与社会发展历史呈现较大的差异，导致泰国实际上兼具海岛性和半岛性，而这也成为泰国华人群体呈现出南北或海陆分野差异的重要动因之一。

正是由于泰国华人群体在不同地域范围中呈现较为不同的特征，当今学术界在讨论泰国华人群体时，一般多将其分为南北两大部类展开分析讨论。[①]这一研究视角的优势显而易见，它有助于较为深刻地理解泰国华人群体内部的分野和差异，也能使研究者对泰国南北华人群体本身的发展变迁细节给予更多的关注。在对二者分别进行研究的基础上，对二者间的差异展开比较研究，不但对理解泰国社会内部区域结构的分化和差异大有裨益，且将有益于各方在人类命运共同体构建与"一带一路"倡议大背景下，加深对泰国社会历史与现状的理解。

一、中南部地区的泰国华人：基于跨境商业网络形成的海洋性联结

东南亚，这个由半岛与海岛组成的地区，地处亚洲、大洋洲、印度洋与太平洋交会的十字路口。历史上，东南亚一直是宗教、文化和商品贸易的相互交会之处，而位于中南半岛上的泰国，更担负着中枢和纽带的作用。在泰国与海洋地带发生的密切联系中，移民至泰国中部、南部地区的华人群体及其经济活动占据着重要的地位。

追溯泰国华人，尤其是从中国东南沿海地区移居泰国的华人的历史，较大规模的移民应始于明清时期。1350 年，乌通王建立阿瑜陀耶王朝，建都阿瑜陀耶城。1368 年朱元璋建立明王朝后，阿瑜陀耶王朝与中国明朝建立了朝贡关系，朝贡成为这一时期中泰双方进行政治、经济与文化交往的重要手段。15 世纪后，随着商品经济和航运业的发展，以中国东南沿海商民为主力的民间海洋贸易活动愈发活跃，逐渐突破官府的各种限制，甚至对中央王朝推行的海禁政策提出了挑战。中国东南沿海地区的民众开始有规模地移居至东南亚等地。据美国著名学者施坚雅分析，大约在 16 世纪初期，阿瑜陀耶王朝都城大城就已经出现了华人社区。[②]康熙年间(1661—1722)，随着中国人口规模的扩大，对粮食的大量需求，促使中泰间的大米贸易持续繁荣，这也促成了又一次华人移民泰国的浪潮，这次移民浪潮

---

① 杨新新、杨可桢，《泰北华人文化研究》（第二辑），清莱：皇太后大学孔子学院出版社，2019 年，第 121-127 页。

② G. William Skinner. *Leadership and Power in the Chinese Community of Thailand*. Ithaca: Cornell University Press, 1958, p. 4.

"使华人移民泰国合法化，并在泰国形成华人社会"①。

18世纪，泰国吞武里王朝建立，泰国中部、南部地区出现了更大规模的华人移民潮。1767年，祖籍潮州、中泰混血的郑信在领导泰国民众反缅甸的战争中取得胜利，建立吞武里王朝，定都吞武里府。面对因战乱导致的泰国国内生产凋敝和社会动荡等问题，郑信倚重来自其父祖籍地潮州的华人同乡，将其作为社会劳动力人口的补充和促进经济发展的重要群体，鼓励他们前往泰国定居。郑信对待华人移民的积极态度和优惠政策吸引了大批潮州华人移民泰国。同时，郑信对今天曼谷地区的经营与统治，也使得地理条件更为优渥的曼谷地区逐渐成为泰国重要的外贸城市与华人移民的主要移入地。

在近现代泰国华人移民中，移居至泰国中部、南部地区的华人群体多来自中国东南沿海地区，以广东、福建和海南三地为主。据相关数据统计，暹罗华人群体中，有95%以上来自中国广东、福建两省。这一情况的出现，从中国方面来看，是因近代以来，广东、福建等地区人地矛盾尖锐、社会动荡和混乱，加之这一地区历史上便有移民泰国等地的传统；而从泰国方面观之，近代以来，泰国是东南亚地区少有的未被西方势力彻底殖民的地区，政治、经济、文化上保持相对独立，泰国社会较为稳定的内外环境、贸易与劳务需求的扩大、航运事业的发展和移民条件的宽松，使得泰国自19世纪中期到第一次世界大战前的半个多世纪中，源源不断地接纳着来自中国东南沿海地区的移民。到20世纪初，"泰国华人的方言群构成比重发生了根本性的变化，逐渐以潮州人为主体。……曼谷成为中国移民最集中的城市"②。

分析泰国中南部地区华人移民成分可以看出，历史时期移民泰国南部的华人群体主要分为以下两个类别：一类是拥有一定资本的商人——这些人多通过跨洋航运从事中泰之间的商品贸易并从中获取利润；另一类是中国东南沿海地区的破产农民和城镇贫民——这些人往往为生计所迫，背井离乡前往泰国寻求谋生之道。施坚雅认为，泰国境内的华人移民入境率受到迁出地和迁入地不同环境条件的互动影响，在选择侨乡的各种动机中，农作物的收成情况（这主要取决于气候）似乎是最重要的决定因素。而从整体上看，在实际的移民过程中，中国东南沿海地区人口流向泰国中部、南部地区的推拉合力最终定格在经济层面。追求利润、谋求生计、经营生产成为中国东南沿海地区的华人移居泰国中部、南部等地的最主要原因。

在中国东南亚华人移民泰国中部、南部的过程中，由于其主要路径是通过海上航运，因此这一华人群体也被学者称为"跨海华人"（Overseas Chinese）。他们具有显著的海洋性特点，他们的行为与活动都与海洋紧密联系在一起，其中从事商业贸易的群体更是逐渐利用海洋的联结通道和本身的族裔优势，在中泰乃至东

① 段立生，《泰国通史》，上海：上海社会科学院出版社，2018年，第109页。
② 潘少红，《泰国华人地缘性社团的历史考察》，载《世界民族》，2012年第2期，第59页。

亚与东南亚之间建立起一个跨境商业网络，串联起各方之间的跨国贸易往来。因而，可以说泰国中部、南部地区的华人群体大多自海上而来，他们中的多数属于自由经济移民，体现出典型的海洋性特征。

二、泰国北部山区华人：跨境而来的陆路迁徙

泰国北部的华人群体主要自中国云南等地迁徙而来，其移民历史大致经历了三个主要阶段：元明时期马帮因从事滇缅贸易进入泰国北部山区；晚清时期云南境内回族起义失败后部分回民逃往泰国北部山区；新中国成立初期国民党军余部及其眷属败退中南半岛，辗转进入泰国北部山区。

作为泰国北部山区华人的主要移出地，云南本身所具有的地理特殊性不可忽视。与中国广东、福建等东南沿海地区不同的是，云南地处中国西南边陲，在边境上自西向东分别与缅甸、老挝、越南接壤。在不同历史时期，除了作为统一王朝的重要领土组成部分，有着向中原聚焦的面向，云南还拥有一套自己的面向东南亚的对外交流路径——通过西南丝绸之路越过中南半岛的山地通道，进入东南亚海岛地区。[①]而这一连接中国西南与中南半岛的陆上通道，也成为泰国北部山区华人自迁徙之初至融入当地社会的一整套移民过程中，不同于泰国中部、南部等地华人的重要背景。

最早进入泰国北部山区的华人，应为元朝建立后，一路顺蒙古军队南下进入云南的色目人。色目人拥有悠久的经商传统，抵达云南后，他们将商业网络扩展至云南周边地区。通过云南与中南半岛之间的陆上通道，云南华人群体得以进入中南半岛北部山区并在当地定居，他们以传统马帮贸易为主要经济活动，来往穿梭于云南和泰缅边境地区之间，建立起马帮商路。[②]到18世纪末，云南华商足迹已遍及与云南、西藏等地接壤的印度阿萨姆邦以及缅甸、泰国、老挝等国家。[③]

尽管元代前后的云南华人主要通过经商等形式进入泰国北部山区，但是如果考虑到他们的迁移行动主要受到中原地区政治结构变迁的影响，则可以看出其在性质上与泰国中部、南部地区华人群体呈现出相异性。事实上，云南华人移民受政治影响而迁入泰国北部山区的这一传统也延续到了近代。19世纪中后期以来，云南华人向泰国北部山区迁移的大规模群体活动有两次。这两次群体性的迁徙，都体现出了一定的政治性与组织性。

---

① Yang Bin. *Between Winds and Clouds: The Making of Yunnan: Second Century BCE to Twentieth Century CE*. New York: Columbia University Press, 2008, pp. 116-118.
② Ann Maxwell Hill. *Merchants and Migrants: Ethnicity and Trade among Yunnanese Chinese in Southeast Asia*. New Haven: Yale University Press, 1998, pp. 47-49.
③ 张佐，《云南回族穆斯林跨境东南亚探究》，载《回族研究》，1998年第3期，第12页。

第一次迁徙发生于 19 世纪 50 至 70 年代。云南回民反清起义失败后，一部分回民为躲避政治灾祸，逃往泰国北部山区。咸丰六年(1856)，杜文秀在云南蒙化集结云南回族及其他民族民众掀起反清起义。1873 年，起义被清军镇压。起义的失败导致大批回民遭到清政府的政治迫害。[①]因此，在这之后的一段时间内，不断有大批云南回民及政治难民通过云南与东南亚之间的陆上通道进入泰国、缅甸、老挝等国家定居，并在当地主要从事商业、马帮、矿业等行业。

第二次迁徙发生于 20 世纪 40 年代。随着国共内战的结束、国民党政权的失败，部分国民党军余部经云南与东南亚等地的陆上山地通道退入滇缅边境地区。这支队伍初期活动于缅甸等地，此后受国际局势的影响，在台湾国民党当局与泰国政府的协商斡旋下，经泰国政府同意，进入泰国北部山区，在当地定居并建立华人村。为维持生存发展，这批华人主要在泰缅边境等地从事经商、贸易等活动。[②]

从泰国北部山区云南华人的迁移历史可以看出，从早期的马帮到后来的国民党军余部，不同历史时期移居泰国北部山区的云南华人群体的移民动机与迁移方式等，较之泰国中部、南部地区因海上贸易而催生的自由经济华人移民，呈现出较大的差异。从迁移动机上看，泰国北部山区的华人移民多受到政治结构变迁的影响，移民的政治背景更为突出。从迁移方式上看，泰国北部山区的华人移民主要依靠云南与中南半岛北部山区的陆上通道进行迁移。

总体而言，泰国北部山区华人迁移的动机更多地带有政治性。尽管进入泰国北部山区后，云南华人群体也多从事跨境经商、贸易等活动，但值得注意的是，由于其自身具有的宗教传统或政治背景，导致其难以像泰国中部、南部地区的华人一样，以较为灵活的方式更快融入当地社会。同时，云南与中南半岛北部山地间的陆上通道又为新移民源源不断的到来提供了可能，这也使得泰国北部山区的云南华人群体形成了与泰国中部、南部地区"跨海华人"群体较为不同的特征和面向。

三、泰国华人群体内部的分化与差异

从迁移与定居方式等情况来看，泰国中部、南部地区的华人群体从海上来，进入泰国的路径体现出自由性与海洋性。在初次进入泰国时，移民主要以单身男性为主。当他们通过手工业或商业经营在泰国社会站稳脚跟后，其亲属再通过"一个带一个"的方式，陆续进入泰国，形成以姓氏、宗族、家庭为主要单位的华人

---

① 林干，《清代回民起义》，上海：新知识出版社，1957 年，第 6 页。
② Chiang Mai Province Development Center for Civil Servants. *The Former Chinese Nationalist Troops*. Chiang Mai: Development Center for Civil Servants, 1994, p. 130.

群体。同时，部分通过自由形式迁移进入泰国的华人，因财富的积累以及商业往来的需要，开始同泰国本地人通婚，在泰国本地建立新的家庭。他们较为快速地融入泰国的社会结构，成为当地社会经济发展的中流砥柱。

就融入形式而言，17—18 世纪中国东南沿海地区华人有规模移民泰国的时间段内，泰国正处于和其他东南亚国家如缅甸、高棉等国的战争中，战乱的破坏和掠夺使泰国劳动力缺乏。阿瑜陀耶王朝确立的萨克迪纳制度将泰国本地农民束缚在了土地上，不能自由流动或参与经营活动，更加需要外来劳动力补充国家发展所需要的活跃人口。这一时期华人移民的出现正好弥补了这一缺口。华人进入泰国后，不受传统人口管理制度的约束，能够自由经营与生产，活动于泰国各地。在阿瑜陀耶王朝时期，这些华人移民可以驾船沿河湾港汉去农村收购大米或其他农副产品，辗转贩运，做些小本生意，其中一些资本充裕者还可以利用其民族与文化背景，从事中泰之间远距离的海上贸易。

需要注意的是，其中一些具有较丰厚资本的华商在中泰海外贸易领域占据越来越重要的地位之后，往往会被泰国政府给予一些商业特权，被允许在经济上与泰国本地精英分享权力。华商往往与泰国政要结成互惠互利的关系，"担任政府要职的文职或军人官僚们，把华商当作受其庇护的人……通过政策的倾斜来反映和维护华商的经济要求和权益。作为回报，华商给政要们掌握一部分企业股权，以确保经济发展的收益能变为官僚和军人统治者的私利"①。由此，在泰国中部、南部等核心地区形成了较为独特的商政二元结构——由泰国本地精英把控政治，而由华商经营商业，尤其是中泰之间的大宗贸易。

泰国中南部地区的华商正是通过这种方式参与并融入泰国社会与政治生活。泰国中部、南部华商在海外贸易领域的扩张，也不断对同乡、同族等产生吸引力，由此建立起相对独立的华人社区，并逐渐形成跨境商业网络。而华人社区和跨境商业网络的建立，不但为其带来族裔资本的优势，也使得泰国中部、南部等地的华人社会在保持商业竞争力的同时，得以维持其自身的华人特性。可以说，泰国中部、南部地区的华人社会，在迁移定居方式和融入形式等问题上，都体现了由海上自由迁徙带来的特征，与泰国北部山区的华人社会形成了鲜明的对比。

无论迁移定居方式抑或融入形式，泰国北部山区的云南华人都呈现了较为明显的政治性与陆上跨境色彩。泰国北部山区的华人在进入泰北地区时，因受到政治因素的影响，往往是成批地迁徙进入，具有较强的凝聚力，同时也面临着较泰国中部、南部地区华人更为棘手的困难和阻碍。尤其是国民党余部及其眷属，他们早先徘徊在滇缅边境，被中南半岛上多个国家视为威胁，又因缺少政治势力的庇护而成为"孤军"，在获得泰国政府准许后才得以进入泰国北部山区定居，并

---

① 潘少红，《二战后泰国华人参政历程及原因分析》，载《东南亚纵横》，2004 年第 3 期，第 62 页。

长期受到泰国政府的限制与监视。①

　　而在融入泰国本地社会的过程中，泰国北部山区的云南华人也呈现出与泰国中部、南部等地华人群体较为不同的结构性特点。由于在相当的长时期内，泰国自身尚未完成民族统一与国家整合，泰国北部山区各种政治势力相互交错，早期华人有组织进入这一地区后，能够获得一定的自治空间。而通过泰国北部山区与云南等地的陆上跨境通道和马帮贸易，云南等地的华人也能够源源不断地进入泰国北部山区，保证了这一区域内华人群体的规模与稳定，难以被泰国社会所"同化"。

　　20 世纪 50 年代，国民党军余部退居泰北山区后，出于泰缅边境防卫上的需要，他们所居住的村落等地区被泰国政府划为军事特区。由于地理交通条件相对不便利，加上受冷战与国际地区局势变化的影响，泰北山区国民党军余部形成以军队强权政治和云南汉人文化为主导、相对封闭的华人社区。在这一历史大背景下，泰北山区国民党军余部华人群体长期被隔绝在泰国主流社会之外，呈现出相对独立的华人文化特性。②冷战终结后，泰北山区国民党军余部及其后代获得泰国本地合法身份，开始逐渐融入泰国社会，泰国北部山区不断与外界交流沟通。不过需要注意的是，因泰国北部山区作为泰国军方防备边境的特殊地区，泰国政府在这一区域长期推行相对宽松的移民政策，加之中南半岛北部山区与缅甸、云南等地的交通往来传统，为移民提供了可进行流动的通道，使得目前大量来自缅甸等地、祖籍为云南地区的华人群体因政治与战乱等原因，能够持续有组织地跨境迁入这一地区，在使泰北山区华人社会得以维持其文化特性的同时，也导致其相对独立于泰国主流社会以外的问题仍然长期存在。因此，时至今日，泰国北部山区华人社会并未彻底融入现代泰国社会。就迁移定居方式、融入形式及其程度而言，泰国北部山区华人群体较泰国中部、南部地区等地的华人群体，整体上仍具有较为明显的差异性。

四、结语

　　本文通过将泰国中部、南部地区的华人群体与泰国北部山区华人群体这两类不同地区、不同背景和不同发展过程的华人社群进行综合性分析和比较研究，得出以下结论：泰国中部、南部地区华人群体，出于经济动机考虑，主要通过海路自由迁徙而来，在融入泰国本地社会的过程中展现出商业性的面向，其主要活动也是面向海洋；泰国北部山区华人群体则因政治与战乱等，通过陆路有组织跨境迁徙而来，在融入本地社会的过程中表现出相对的独立性。相应的，泰国政府对

① F. W. MOTE. The Rural "Haw"（Yunnanese Chinese）of Northern Thailand. *Southeast Asian Tribes, Minorities, and Nations*, Vol. 2. Princeton: Princeton University Press, 1967, pp. 72-73.
② 段颖，《泰国北部的云南人：族群形成文化适应与历史变迁》，北京：社会科学文献出版社，2012 年，第285-304 页。

待不同地区华人社会的态度与政策也兼具海、陆二元的面向。对于泰国中部、南部地区的华人而言，泰国政府将他们在海外商业贸易领域内的力量以相对温和的手段整合进泰国国家政治权力体系，由此形成了独特的商政二元结构，在政治与商业领域展现出海洋性的面向。与此同时，对于北部山区的华人群体而言，泰国政府出于泰缅边境特殊地带的防备考虑，更多采用限制策略，这使得泰国北部山区华人群体在保持独立文化特性的同时，难以彻底融入泰国主流社会，呈现出一定程度的政治性与陆上跨境色彩。

因此，就泰国华人社会这一整体概念而言，其内部并非铁板一块，而存在着南北不同、多元分化等问题。未来以泰国华人群体的分化及差异入手，进一步深入探讨泰国社会内部区域上的分野与差别，并以之作为开展泰国研究的重要变量和分析因素，无疑对各方加深关于泰国社会历史与现状的理解大有裨益。本文系概括叙述性质的粗浅尝试，希望或能起到抛砖引玉之效。

参 考 文 献

段立生，2014. 泰国通史[M]. 上海：上海社会科学院出版社.

段颖，2012. 泰国北部的云南人：族群形成、文化适应与历史变迁[M]. 北京：社会科学文献出版社.

黄建军，柯保合，杨新新，2019. 泰北华人文化研究 (第一辑)[M]. 清莱：皇太后大学孔子学院出版社.

潘少红，2004. 二战后泰国华人参政历程及原因分析[J]. 东南亚纵横（3）：62-66.

潘少红，2012. 泰国华人地缘性社团的历史考察[J]. 世界民族（2）：58-63.

施坚雅，2010. 泰国华人社会：历史的分析[M]. 许华，等译，厦门：厦门大学出版社.

杨新新，杨可桢. 泰北华人文化研究 (第二辑)[M]. 清莱：皇太后大学孔子学院出版社，2019.

张佐，1998. 云南回族穆斯林跨境东南亚探究[J]. 回族研究（3）：11-18.

CHANG W C, 1999. Beyond the military: the complex migration and resettlement of the KMT Yunnanese Chinese in northern Thailand[D]. Leuven: Katholieke Universiteit Leuven.

CHIANG MAI PROVINCE DEVELOPMENT CENTER FOR CIVIL SERVANTS, 1994. The former Chinese nationalist troops[M]. Chiang Mai: Development Center for Civil Servants.

HILL A M, 1998. Merchants and migrants: ethnicity and trade among Yunnanese Chinese in southeast Asia[M]. New Haven: Yale University Press.

MOTE F W, 1967. The rural "haw" (Yunnanese Chinese) of northern Thailand[M]//Peter Kunstadter. Southeast Asian tribes, minorities, and nations, Vol. 2. Princeton: Princeton University Press.

SCOTT J C, 2009. The art of not being governed: an anarchist history of upland southeast Asia[M]. New Haven: Yale University Press.

SKINNER G W, 1958. Leadership and power in the Chinese community of Thailand[M]. Ithaca: Cornell University Press.

YANG B, 2008. Between winds and clouds: the making of yunnan: second century BCE to twentieth century CE[M]. New York: Columbia University Press.

South of the Peninsula and North of the Island: A Study on the Differentiation of Overseas Chinese Groups in Thailand

YANG Xinxin ZHANG Tianyang

Abstract: Overseas Chinese in Thailand are mainly divided into two groups. Part of them is moved freely from the southeastern coast of China to settle in the central and southern regions of Thailand for economic reasons and through maritime shipping. Another part of them is the Yunnan Chinese who were forced to move to the mountainous area of northern Thailand through the cross-border passage in the northern mountainous area of the Indochina Peninsula due to politics and war. The difference between the two Chinese groups in Thailand is a manifestation of Thailand's geographical space between the south and the north. Studying the differences between the two major Chinese groups in Thailand will help to understand the history and current situation of Thailand.

Keywords: Thailand; Overseas Chinese; North-South Differentiation; Island

泰国南部南德隆皮影戏：多元文化社会中的语言运动[①]

[泰]Nutchanan Satjachaleaw　[泰]Sarawut Kraisame　著[②]

[泰]Jiratchaya Namwong　林艺佳　张婷　译[③]

摘要： 多元文化社会背景下语言、文化和生活方式的相互影响，使包括民间表演艺术在内的社会各个方面持续发生变化。泰国南部的南德隆皮影戏是泰国民间表演艺术形式之一。受多元文化社会因素影响，南德隆皮影戏随着社会和文化的变化在不断变化。泰国的南德隆皮影戏调整了表演形式，便于通过各种方式吸引更多受众。例如，使用官方泰语表演整个故事，或使用外语全配音或部分配音，从而呈现一个更具现代感的故事，吸引更多观众，让南德隆皮影戏在持续衍变的社会中保持活力。本文旨在探讨泰国多元文化社会语言运动背景下泰国南部南德隆皮影戏的演变。

关键词： 南德隆皮影戏；泰国南部；语言运动；多元文化社会

　　泰国民间表演艺术是一种反映泰国人民思维方式、信仰、意识形态和群体身份的地方智慧，通过唱歌、跳舞、演奏音乐等形式表现出来。民间表演艺术以独特的形式出现在人们的生活中，无论是传统风俗、仪式或节日，都与当地人联系紧密，向当地人传递着团结的意蕴，有着非常重要的文化价值。除此之外，民间艺术也兼有"文化大使"的功能，通过文化交流，外地人可以了解当地文化与其他文化的不同。

　　民间表演艺术以当地人的视角，反映当时社会和文化现象。当社会环境发生变化时，民间表演艺术也相应地调整。在全球化时代，人们已实现无边界通

① Originally published as NUTCHANAN SATJACHALEAW and SARAWUT KRAISAME, "Southern Thailand shadow plays: Language movement in a multicultural society"，JOURNAL OF LANGUAGE AND CULTURE, Vol 39, No.1, 2020, pp.1-18.Translated with the kind permission of editorial office.本译文为成都大学泰国研究中心资助项目"泰国非物质文化遗产保护研究——以泰国皮影为例"（项目编号：SPRITS202114)的阶段性成果；四川师范大学全球治理与区域国别区域研究院项目"泰国研究译丛"（项目编号：GBYZD202201）的阶段性成果；成都大学2022年大学生创新训练计划项目"中泰非遗文旅融合发展的对比研究"（项目编号：S202211079124）的阶段性成果。

② 作者简介：[泰]Nutchanan Satjachaleaw，[泰]Sarawut Kraisame，泰国玛希隆大学教师。

③ 译者：[泰]Jiratchaya Namwong，成都大学外国语学院泰语外教；林艺佳，成都大学外国语学院讲师；张婷，成都大学外国语学院、四川省泰国研究中心助理研究员。

信，现代社会已经趋向多元文化社会，并持续与传统社会融合，因此各种民间表演艺术也不可避免地改变形式。例如，泰国东北部民间表演艺术"莫拉"（Mo Lam）[①]已演变为现代音乐和乐器相结合的形式，成为不同于传统的"莫拉"表演（也称为"莫拉口兴"）。

泰国南部的南德隆皮影戏也是一种根据社会变化而不断变化的民间艺术。1967—1982 年，泰国政治发生变革，娱乐业兴起，南德隆皮影戏也随之发生了翻天覆地的变化，如引进国际乐器、建造影院、引进大型影院设备，使其能和其他艺术形式竞争。南德隆皮影戏表演采用的文学素材，多为写实故事或小说，角色大多模仿社会中的人物形象，与社会生活非常贴切。还有一些故事的主人公常以统治者身份出现，旨在展现社会矛盾。[②]

本文旨在讨论多元文化社会背景下泰国南部南德隆皮影戏的变化，特别是处于多元文化社会、多语言社会背景下的南德隆皮影戏表演语言的改变。南德隆皮影戏演员在表演皮影戏的过程中是否改变了语言？如何改变？南德隆皮影戏演员改变表演语言的理由和意图是什么？这种改变对南德隆皮影戏未来的发展会有什么影响？本文将以多语言社会和语言选择概念（Multilingual Society and Language Choice）为理论依据来研究这些问题。本文通过研究影音光盘和网络媒体上呈现的南德隆皮影戏表演，研究电视节目采访的皮影戏表演者、皮影戏专访，收集网络上来自全国（译者注：泰国）各地的皮影戏观众的评论，探讨南部南德隆皮影戏的调整及变化。本文研究结果将涵盖以下问题：①通过多元文化社会与南德隆皮影戏语言的关系了解南德隆皮影戏的历史、角色和重要性；②研究南德隆皮影戏和南部人的特点，以展现皮影与南部语言之间的联系；③从多元文化社会的角度了解南德隆皮影戏及其整体变化；④探讨南德隆皮影戏语言在多元文化社会语言运动下从古至今的变化；⑤探讨多元文化社会中南德隆皮影戏的发展趋势，并预测未来南德隆皮影戏的发展方向。

一、多语言社会与多元文化

当今社会是一个多元文化的社会（multicultural society），即多种文化共存的社会。多元化包括种族、宗教信仰、生活方式、风俗习惯和语言等方面的多元化。世界是一个多元文化的社会，因为世界上每个国家都有文化多样性；东盟地区是一个多元文化的社会，因为东盟的各个国家有着不同的文化；泰国也是一个多元文化的

---

① "莫拉"是老挝和泰国伊桑的一种古老的音乐形式。可以分为很多根据"拉"的旋律，如 Lam Toei、Lam Thuen、Lam Khon、Lam Tho Klon、Lam Ploen、Lam Sing。"Mo Lam"这个词由两个词组成，"Mo"，意思是擅长技艺的人；"Lam"，意思是用优美的旋律叙述故事。——译者注。

② P. Boosararat. "Dramatic Works of Songkhla Lake Changes and Relationships with the Social Culture of Nang Talung and Nora". Bangkok: Institute for Southern Thai Studies, Taksin University, 2010. (in Thai)

社会，是由 70 多个不同文化的民族组成的。①泰国南部也是多元文化社会，除了因就业、安家、研学等产生的文化交流，旅游业也是使泰国南部不可避免地成为多元文化社会的重要原因之一。泰国旅游体育部提供的数据显示，2017 年，来自泰国其他地区以及 30 多个其他国家的游客共计 3000 万人到泰国南部地区旅游。②生活在多元文化社会，语言是首要考虑因素，因为语言是相互交流的工具。来自不同文化背景的人交流时，使用的语言必然也是多样的，因此，多元文化社会也是多语言社会(multilingual society)。以前只会一种语言就可以在社会中与人交流或生存，如今人们有必要掌握更多的其他语言，与其他国家的人进行交流。除了沟通以外，文学、漫画、歌曲以及在民间表演艺术中的语言都与文化息息相关。为跨越语言障碍，深入了解文化的内涵，人们便有了理解其他语言的需要。

文学、漫画等作品被翻译成各种语言，然后再出版；动画被翻译成相应语言并重新配音；电影被翻译后重新配音，或翻译后添加字幕；电视节目字幕设置为两种语言，采取这些措施是为了消除语言障碍，呈现该文化(文学、漫画等)的内容，让不同文化和语言背景的人理解。民间表演艺术是一种与方言息息相关的文化，无论是与泰国北部方言(兰纳语)歌曲相关的舞蹈，还是与东北方言(伊桑方言)相关的表演，以及使用南部方言表演的南德隆皮影戏，都是民间表演艺术的一种形式。本文将研究这些表演艺术如何在语言上进行改变，使它们能够在多元文化、多语言的社会中保持活力，这是非常值得关注探讨的。

二、南德隆皮影戏

南德隆皮影戏是一种艺术形式，用皮革裁剪成一个小图片(人或物的剪影)，然后夹在一根木头的末端，立在棚内让光线透过皮革体，在剧场前的白色屏幕上产生投影，以风笛、鼓和锣的演奏作为背景音乐，皮影的操作者也是皮影的配音者。③2009 年，南德隆皮影戏被泰国文化部列为泰国南部表演艺术领域的非物质文化遗产。以前，南部当地人将南德隆皮影戏叫作"皮"(nang)或者"宽皮影"(nang-kuan)。关于"ta-lung"(泰国南德隆皮影戏的叫法)这个词的起源有很多种说法。例如，源自"Phatthalung"(博他仑府)这个词；源自单词"Lung"(音译：隆)或"Chalung"(音译：差隆)或"Ta-lung"(音译：塔隆)，意思是拴大象的杆子；源自"多伦古"(Tolungu)这个词，该词是印度南部马达拉特城市南德隆皮影

① S. Premsrirat. "Developmental Linguistics： People's Empowerment and Endangered Language Revitalization". *Journal of Language and Culture*, 2013, 32（2）：1-18.（in Thai）
② Ministry of Tourism & Sports. "Tourism Statistics 2017". https://www.mots.go.th/more_news.php?cid=414&filename=index.（in Thai）
③ Office of the Royal Society. Royal Institute Dictionary 2011. http：//www.royin.go.th/dictionary/.（in Thai）

戏的叫法；源自"Tai-Lung"（南部的泰国移民）这个词；等等。①

　　南德隆皮影戏是何时在泰国出现的目前还没有定论，专家学者通过考证提出了很多假设。沙龙于通-桑武泰（Yoothong-Saenguthai）通过分析南德隆皮影戏拜师活动②的史实记载认为，泰国南德隆皮影戏始于室利佛逝（三佛齐）时期，诺先生、纳桐先生和堪桐先生是早期南德隆皮影戏演员大师。③安钠·那维葛木（Nawigamune）和披塔亚·布拉拉（Boosararat）通过对南德隆皮影戏拜师活动、皮影样式的研究和对南德隆皮影戏制作人的采访，提出南部的皮影可能诞生于拉玛一世或拉玛二世统治时期，或者可能是大城王朝晚期，因为那个时期出现许多关于泰国南部皮影的文学作品。④但是安钠·那维葛木进一步分析指出，南德隆皮影戏可能是在拉玛五世统治期间才出现的，因为1921年出版的《潘吉王子传说》一书中提到丹龙·拉差努帕（Damrong Rachanuphap，拉玛五世亲王）制作南德隆皮影戏的事迹。⑤

　　然而，南德隆皮影戏的起源仍然没有确切的证据。专家、南德隆皮影戏制作人和当地有识之士都曾对南德隆皮影戏的历史进行研究，并且提出了多种观点。披塔亚·布拉拉通过参考南德隆皮影戏的"拜师环节"，以及一位声名远扬的艺术家的口述史，总结出以下观点：①认为泰国南德隆皮影戏来自印度尼西亚；②认为南德隆皮影戏来自印度，是随着婆罗门教一起传入泰国的；③通过分析仪式和电影的发展，认为泰国南部的皮影是受到了泰国中部地区南雅皮影戏（Nang-Yai）的影响。⑥川·派葛（Petkaew）指出泰国南部南德隆皮影戏直接或间接受到印度的影响，位于泰国南部西侧的普吉府和攀牙府的皮影就直接受到印度影响，而位于泰国南部东侧的皮影则间接受到印度影响，因为南德隆皮影戏是从爪哇、马来西亚流传到高棉再进入泰国南部东侧。⑦

　　南德隆皮影戏有很多社会功能，除了有信仰、举行仪式和娱乐等功能以外，还具有社会媒介的功能，如报道新闻、传播教育、维护社会秩序、担当人们文化交流的媒介。表演者凭借自身的智慧与经验，对国家和地方的社会、政治发表观

---

① P. Boosararat. "Songkhla Lake: Kanpothorn of Nang Talung and Nora". *Taksin Kadee Journal*, 2008, 7(2): 27-53. (in Thai)

② 泰国的喃戏艺人在表演喃戏之前，都要举行一个隆重的"拜祭仪式"（泰国艺人认为皮影也有神灵）：喃戏艺人先是恭恭敬敬地从工具箱中请出"皮影神"等诸件皮影道具，端端正正地逐一摆在幕布前的桌子上，然后在诸件皮影道具前面点燃三根蜡烛，再摆上水果等供品，在乐师的伴奏下，艺人们合十肃立，口中念念有词，祈求"皮影神"保佑他们表演一帆风顺，生意兴隆。——译者注。

③ J.Yoothong-Saenguthai. *Shadow Puppet Show: Social Life and Customs of Southern Thailand*. Trang: Institute for Southern Thai Studies, 2013. (in Thai)

④ P. Boosararat. "Dramatic Works of Songkhla Lake Changes and Relationships with the Social Culture of Nang Talung and Nora". Bangkok: Institute for Southern Thai Studies, Taksin University, 2010. (in Thai)

⑤ A. Nawigamune. Nang Talung-Nang Yai. Bangkok: Silapawannagam, 1987. (in Thai)

⑥ P. Boosararat. "Dramatic Works of Songkhla Lake Changes and Relationships with the Social Culture of Nang Talung and Nora". Bangkok: Institute for Southern Thai Studies, Taksin University, 2010. (in Thai)

⑦ C. Petkaew. Shadow Play in Thailand. Surat Thani: Office of Arts and Culture Suratthani Rajabhat University, 2005. (in Thai)

点与意见。根据上面提到的南德隆皮影戏在社会中的作用,研究者发现南德隆皮影戏作为展现南部人身份的独特媒介,有着极其重要的价值。同时,作为文化大使,南德隆皮影戏成为外界了解泰国南部的载体,成为深入理解南部方言以及南部人生活方式的重要途径。①

三、南德隆皮影戏与南部人的身份

南德隆皮影戏不仅在南部地区展演,在泰国的其他地区,如碧武里府和大城府,也有展演。但一说到南德隆皮影戏,人们就会联想到泰国南部和南部人,原因是南德隆皮影戏与南部人身份紧密关联。占鲁·优通指出南德隆皮影戏是一种独特的南部表演艺术,体现了数百年来南部人的身份特征。南德隆皮影戏体现了南部人的外貌、性格和服饰等特征,这些特征大都体现在小丑角色身上,如阿斯考(ai-sri-keaw)和阿努妞(ai-nu-nui),皮影使用表面为黑色的皮革制作,与南部人的深色皮肤相吻合。阿腾(ai-teng)性格坦率、讲话大声、对任何人都不客气,敢于直言不讳地批评,说真话、做实事,符合南部人的性格特征。阿萨莫(ai-sa-mo)穿着筒裙并戴帽、阿腾(ai-teng)穿着格子围裙、阿优桐(ai-yod-thong)拿着匕首、阿努妞(ai-nu-nui)拿着砍刀等,这些都体现了南部人的特征。②

除了小丑角色,南部人的身份特征还可以从南德隆皮影戏的其他元素中看出。例如,南德隆皮影戏中提到了南部人的主要职业是割橡胶或种植棕榈,在表演中经常使用南部特有的乐器"塔"(thap),这是南部表演中的代表性乐器,是皮影表演中最重要的元素之一,体现了南部人的共同身份。南德隆皮影戏表演所使用的主要语言是南部方言,小丑角色生动形象地传达出南部人的思想和感情。因此,南德隆皮影戏的表演者必须是南部人,或者会说南部方言的人。南德隆皮影戏可以把表演艺术和南部人的身份和谐地融合在一起,从而使南德隆皮影戏为南部社会内外的人们所熟知和认可。然而,现在南部人的身份已经发生了很多变化:现在的南部人不再穿筒裙、拿刀或匕首;南部人行为举止与性格在人们印象中已经与南德隆皮影戏里的小丑不同了;一些当地的南部人不再割橡胶或种植棕榈为生,也不知道乐器"塔"了。不仅如此,一些南部人也不会说当地的方言了,也不能够理解一些有当地特色的词汇。现在南部人共有的特点已经不像以前那么明显。南德隆皮影戏作为表达南部人身份的工具,也没办法将上述的特点再延续下去。因此,南德隆皮影戏是会改变其风格以适应当前的社会环境,还是会保留

① P. Boosararat. "Rum Nang: Shadow Play Performance in the Southern Thailand's West Coast". Songkhla: Institute for Southern Thai Studies Taksin University, 1998. (in Thai)

② J. Yoothong. "Adaptation of Shadow Play to Changing Circumstances". *Rusamilae Journal*, 2016, 37(3): 42-52. (in Thai)

其原有的特点，值得探讨研究。

四、多元文化社会中的南德隆皮影戏

在多元文化的社会中，来自不同文化背景的人们相遇进而互相交流，使得人们必须学习和传递彼此的文化。在彼此文化交融中，自身文化应做到取其精华，去其糟粕，完全摒弃传统文化中一些封建落后的思想，保留并弘扬优秀的传统文化，并与新时代优秀文化融合形成一种新的与时俱进的文化。研究发现，南德隆皮影戏也接收了新的事物，并弘扬了传统优秀的皮影文化，将传统优秀的皮影文化自豪感传递给不同文化的人。南德隆皮影戏在当今多元文化社会中保留下来的元素有小丑形象、表演中使用的语言等，这些能够很好地体现泰国南部的特征。而且，目前这种让人引以为豪的民间艺术已经在国内外发扬传播，广为人知。根据视频媒体收集的信息以及对两位南德隆皮影戏制作人特斯·珀阁（2018 年 5 月27 日采访）和斯都·宋斯拉帕特（2018 年 5 月 24 日采访）进行采访后研究发现，目前南德隆皮影戏在配乐、人物、故事情节和场景有很多修改和变化。有一些南德隆皮影戏团队使用了国际乐器配合演出，如架子鼓和吉他；一些南德隆皮影戏团队创造出符合当下社会的新皮影形象，如穿着时髦衣服的小丑、骑摩托车的小丑；还有的剧本故事情节为了适应当下社会潮流，增添了很多笑话，如增加关于巴育总理的故事；剧组制作了各种大小的新场景，使用钢结构代替木结构，满足观众座席和表演场地的需求；此外，南德隆皮影戏还缩短节目时长以迎合观众的生活习惯；南德隆皮影戏现如今有很多的机会展演，如毕业生聚会上的表演等。一些人认为这些调整是件好事，因为他们认为这是民间表演在适应时代潮流的表现，满足当代观众，可以让民间艺术不失传。但有些人将其视为对传统民间表演艺术特征的破坏。

实际上，南德隆皮影戏是一门为了能够在当代赢得观众喜爱不断调整、改变，以适应现代社会和技术变革的传统表演艺术。南德隆皮影戏既延续了过去的艺术表演特点，又为符合当前的社会文化发展要求而做出了改变。这可能也是南德隆皮影戏至今广受欢迎的一个重要原因。川·派葛在《南德隆皮影戏的演进与改变》一书中写道：南德隆皮影戏必须找到自己的生存之道，调整自身以适应新时代的发展，方能作为新时代文化成果流传。南德隆皮影戏的改变体现在以下五个方面：信仰的改变、元素的改变、表演传统的改变、内容的改变和其他改变，如增添喜剧或魔术表演等。虽然南德隆皮影戏的改变并不是什么新鲜事，但是如上所述，在多元文化社会，南德隆皮影戏的改变，可能会影响其传统文化内涵。例如，剧院建筑的变化可能会致使人们对南德隆皮影戏的传统文化的信仰发生改变；表演时长的变化可能会导致南德隆皮影戏一些传统片段的消失，如"白猴与黑猴"这一情节现在已经被删减了；改变南德隆皮影戏的内容，增强娱乐性，可能会减少诗句的旁白，添加更多幽默对话；改变表演的时机，可能会改变南德隆皮影戏表演的目的；等等。如果没有足够的意识、合理的监管和计划来进行适当调整，这些影响可能会对南德隆皮影戏造成不可挽回的损失，到最后这种极具地方特色的皮影戏也将不复存在。①

五、南部南德隆皮影戏的语言

表演南德隆皮影戏的语言也随着时代和社会发展发生了变化。南德隆皮影戏的语言可以分为两部分：①诗歌配音，曾经配的诗歌是即兴诗，现在是"排列词句"或"诗歌"，用来描述故事、场景、角色人物的感情等，诗的种类也很多，如三言、四言、五言、八言卡普查邦诗歌和古诗。②对话场景时的配音，即在交谈过程中不再使用音乐配音。用于交谈的语言有两个特点，即使用泰语官方语言和南部方言。泰语官方语言适用于城主、佛陀、王后和其他重要人物，而南部方言适用于隐士、所有丑角、士兵、妃子和其他人。②

值得关注的是南德隆皮影戏里人物对话语言的选择。南德隆皮影戏表演者必须注意对话的语言口音，选择适合角色地位、性格和教育背景的措辞。即使南德隆皮影戏表演者是唯一的配音演员，他的配音也必须让观众能区分角色的习惯、出生地、性别、年龄等特征。在南部方言的对话中，一位有能力的南德隆皮影戏表演者能够运用南部各地区当地口音进行配音让观众知道角色的居住地。官方语言的使用需根据角色的状态选择，从某种意义上说，这也对统治阶级与百姓进行了区分。以前使用官方语言是某些角色的需要，这也是向百姓教授泰语的策略之一。南德隆皮影戏的配音一般都使用南部方言。配音方面特别重要的就是诗歌类型的选择要与南德隆皮影戏剧本情景相符。大部分配音都是以八言诗或市场诗（泰国八言诗的一种形式）为基础即兴创作的。除非强调风格要与故事人物、事件相符，才使用其他格式间断插入，比如使用四言诗强调故事情节，让观众在欣赏演出、倾听故事时，感受喜悦和兴奋。

学者将研究南德隆皮影戏语言变化得出的主要结论归纳如下：第一，诗词的使用减少，即现代南德隆皮影戏配音诗词减少，对话交谈增加，尤其是比较幽默的对话，一些诗歌对故事情节没有推动作用，因此不再保留，如诗歌里调情的章节、对话的章节等都被删掉了；第二，语言的创造性和精炼度都降低了，

---

① C. Petkaew. Shadow Play in Thailand. Surat Thani: Office of Arts and Culture Suratthani Rajabhat University, 2005. (in Thai)

② C. Petkaew. Shadow Play in Thailand. Surat Thani: Office of Arts and Culture Suratthani Rajabhat University, 2005. (in Thai)

也就是说现在的南德隆皮影戏虽然总是有反映社会形势的新故事，但配音剧本中几乎没有新的诗歌产出。大多数人更喜欢使用从前流传下来的配音台词，或者进行新的创作。以前传统剧目都是精心编写后使用简单或单一的韵律才能呈现给大众，而现在一些南德隆皮影戏院直接播放配音录音，不再像以前那样精细化地演绎故事。①

　　语言上的改变是南德隆皮影戏为了适应早期的社会及其他方面变化而做出的改变，上述研究者的研究成果证实了南德隆皮影戏中语言的变化。语言变化大多数是由不断变化的社会特征引起的，早期和现代的发展改变都集中在减少节目的时长、增加娱乐性等方面。南德隆皮影戏的语言因与多元文化社会相互接触而发生变化，人们经常与拥有不同文化背景的人接触和交流，这在过去可能并不那么明显，但近年来开始凸显。显而易见的语言修改还体现在南德隆皮影戏方言的运用上。比如，为了让拥有不同文化背景的观众能够理解故事，表演者不再使用泰国南部语言表演，目前从一些南德隆皮影戏剧组的表演中可以看出这一现象。因此，笔者将此类现象写入本文，以南德隆皮影戏在多元文化社会中的语言转变为例进行研究。

　　"农德先生当地文化南德隆皮影戏团"的表演者班亚·苏万温通先生是位视障人士，方言称之为"侬刁"。这个戏团是现在最受观众欢迎的南德隆皮影戏剧团，每场演出都有大量观众。一些由该剧团录制的南德隆皮影戏在网上传播，其中播放量最高的一部播放记录已超过 700 万次。"农德先生"团队的皮影展演多使用南部方言配音，而对话则是南部方言与泰国官方语言交替，这是典型的南德隆皮影戏。有研究发现，"农德先生"团队曾经表演过一些用泰国官方语言配音的南德隆皮影戏，例如在莱庆寺演出的《男神变幻》和《爱的宝座》两个故事，2017 年 9 月 14 日，这些表演视频在网络上发布，共分 4 集。截至 2018 年 5 月 29 日，每集总观看次数超过 100 万次，属于高播放量视频。②

　　南德隆皮影戏表演者农德先生曾在泰国的各种节目中接受媒体采访，如 Share 生活节目、Kon-Kon-Kon 节目、深入人心(Zok-Zhai)节目等，对于南德隆皮影戏的语言问题他发表了自己的看法，他指出使用泰国官方语言进行配音有利于南德隆皮影戏的传播，也有利于其他地区的人们理解南德隆皮影戏。他曾多次表示"想让全国人民更加了解南德隆皮影戏""想让南德隆皮影戏像邦朗(Pong Lang)乐器表演一样，从南部走向全泰国""希望南德隆皮影戏使用泰国官方语言演出，走向国际化""我想要在各个地区进行表演""想要整合所有官方语言配音的南德隆皮影戏，让其他地区的人也能认识南德隆皮影戏""将诗歌官方语言化或其他方

① J. Yoothong. "Adaptation of Shadow Play to Changing Circumstances". *Rusamilae Journal*，2016, 37(3): 42-52. (in Thai)
② Pointless Thailand. "Nang Talung Nong Deaw: All Central Thai language (section 1-4)". https://www.youtube.com/watch?v=HypP4mDTt6k&t=516s. (in Thai)

言化，使南德隆皮影戏传播到各个地区""将制作一套用泰国官方语言配音的南德隆皮影戏"，等等。①

　　"特斯·珀阁南德隆皮影戏团"是一个以语言为特色的皮影戏表演团体，他们的南德隆皮影戏表演配音和对话在三种语言之间交替进行：南部方言、泰语官方语言和英语。特斯·珀阁先生使用英语和泰语交替进行对话和诗歌。节目中使用英文和泰语交替表演的诗歌有很多，以《老天救命》（Khun Phra Chuay）这首诗为例，内容如表1所示。②

表1　《老天救命》中的英文、泰文诗句对比

人物	诗句	
เท่ง(腾)	I say Sawasdee I show my hand	lady and gentleman and say Sawasdee
หนูนุ้ย(努妞)	สิบนิ้วประนม（双手合十礼） พี่น้องถ้วนหน้า（各位兄弟姐妹）	บังคมวันทา（祭奠敬礼） กล่าวคำว่าสวัสดี（向大家问好）
เท่ง(腾)	This is Thai song When I singing	not long I sing you seeing to me
หนูนุ้ย(努妞)	เป็นเพลงพื้นบ้าน（这是民间歌曲） พรรคพวกเพื่อนพ้อง（各位同胞）	ขอขานขอข้อง（想请求你们） ฟังฉันร้องน้องพี่（请听我唱歌）
เท่ง(腾)	Thank you very much I'm Manora Dancer	to touch my culture and singer by me
หนูนุ้ย(努妞)	ขอขอบพระคุณ（非常感谢） ตัวผมโนรา（这是诺拉）	ที่การุณเมตตา（如此仁慈） น้อมรับความอารีย์（向您们鞠躬）
เท่ง(腾)	Oh my God Can show not shy	in Channel Nine many style easy
หนูนุ้ย(努妞)	คุณพระช่วย（《老天救命》节目） เรื่องดีมีเล่า（有好故事讲） ยกมือวันทา（双手合十） จำใจลาจร（需要离开）	ต้องดูด้วยช่องเก้า（在第九频道观看） เรื่องราวดีดี（好的事） ต้องกราบลาไปก่อน（需要先告辞了） ขอลาก่อนคุณพระช่วย（《老天救命》节目谢幕）

---

① 9 MCOT Official. "Share Cheewit（9 July 16）Folk Culture Shadow Play by the Artist，Bunyat Suwanwanthong"，https://youtu.be/FsXaDhUduk8. (in Thai)；K. Karabaok. "Kon Kon Kon：Blind Shadow Play Artist"，https://youtu. be/ FlhYwpvvydo. (in Thai)；Johjai jsl. "Johjai 3rd Session 55-01-26"，https：//youtube/AZf46II_Pcc. (in Thai)；Rueng Lao Chao Nee BEC-TERO. "Trang's Famous Shadow Play Artist Did Imitations of Thai Prime Minister：Make the Audience Laugh"，https：//youtu.be/LyByyTKKeiE. (in Thai)；Hatyai University. "Interview with the Shadow Play Artist，Nong Deaw"，https：//youtu.be/kVkmFKJA1WI. (in Thai)

② S. Weerakul. "Knowledge about Shadow Play and How to Perform the Shadow Play"，https：//youtu.be/0ZPh_ YU4VoI. (in Thai)

南德隆皮影戏制作人特斯·珀阁表示，在南德隆皮影戏表演中运用外语，是为了让外国观众大致了解南德隆皮影戏故事的内容走向和正在发生的事情，但不以让外国观众理解所有内容为目标。当有机会在国外巡演传播文化时，特斯会完全用英语表演南德隆皮影戏节目。2003 年，国家级南德隆皮影戏表演艺术家珀欧·普亚力老师赞许了特斯·珀阁先生使用三种语言的表演，并表示："我预言，以后的南德隆皮影戏表演者至少要能清楚地说三至四种语言才能够演出，如中文、马来语、泰语。"

从对两位南德隆皮影戏制作人的采访及他们的作品中发现，两位制作人在语言选择上发生了同样的变化，即在表演时不只选择了南部语言，也会使用其他语言，让不懂南部方言或不懂泰语的观众能理解故事。他们的共同点都是致力传承文化，保护民间南德隆皮影戏表演艺术。持不同意见的人认为，不使用南部方言而使用其他语言会失去南德隆皮影戏的独特性，两位制作人对此也有担忧。因此，两位制作人解释了他们努力尝试改变表演语言的原因，在表演中一些因突发特殊情况产生的语言改变，至于改变语言选择的原因是考虑了受众的理解，这是语言选择的主要因素，而不是将考虑角色居住地、社会地位作为语言选择的主要因素。最初两位制作人试图用语言来触动观众，以扩大观众群体，这是文化发展空间的推进或坚守。这可能是基于传播艺术文化需要，或是基于经济需要扩大受众的原因。民间表演艺术正开始进入无国界文化社会，每种类型的表演艺术都必须竞争占领文化空间，才能像社会中其他现象一样生存。

六、多元文化社会中南德隆皮影戏的发展趋势

具有南部人身份的南德隆皮影戏，同笔者一样经历了社会化进程。无论南部人出生在什么时代、什么时候，他们都会以某种方式与南德隆皮影戏产生联系。尽管由于外来文化的输入和西方价值观的影响，大多数南部人看不到南德隆皮影戏的价值，但只要泰族没有从马来半岛消失，南德隆皮影戏将代代流传，体现着南部当地人和泰国人的价值与意义。[①]

不用担心泰国的南德隆皮影戏会消失，真正该令人担忧的是现代南德隆皮影戏制作人在很大程度上忽视了南德隆皮影戏的传统艺术。如果是这样的话，南德隆皮影戏作为表演艺术将会走偏，可能会导致南德隆皮影戏只能是一个小小的娱乐项目，缺乏自古以来传承下来的价值，这是非常让人惋惜的。[②]

---

① J.Yoothong-Saenguthai. *Shadow Puppet Show: Social Life and Customs of Southern Thailand*. Trang: Institute for Southern Thai Studies, 2013.（in Thai）
② C. Petkaew. Shadow Play in Thailand. Surat Thani: Office of Arts and Culture Suratthani Rajabhat University, 2005.（in Thai）

　　从上述采访中可以看出，南德隆皮影戏将继续作为南部的传统表演艺术流传下去。不管过去多少个时代，其都会是一种从过去到现在不断持续存在的南部民间表演，但南德隆皮影戏仍然有很多需要改进的地方。通过对两位南德隆皮影戏制作人——特斯·珀阁先生和斯都·宋斯帕特先生的采访，以及相关人士发表的观点来看，未来南德隆皮影戏可能会在许多方面都做出改变，例如将表演设备更新为多功能型器械，设计成小尺寸或可折叠式的，以便随身携带在行李中，能够带上飞机到其他地区演出；皮影屏幕可能有多种大小尺寸供选择，以便能够根据展演场地进行选择；演出时长可能会缩短，并且会有更多的网络在线演出。

　　所以不管是南德隆皮影戏表演者、皮影剧团的人，还是南德隆皮影戏雇主、南德隆皮影戏观众等等，都必须为即将到来的变化做一些准备，即通过研究相关数据，确定一个适当的界限，让他们能够参与到南德隆皮影戏中，让南德隆皮影戏不失去其独特性，也不失去作为南部人身份象征的这一民间表演艺术，帮助南德隆皮影戏持续充满活力，让南德隆皮影戏作为传统表演艺术一直流传下去。披塔亚·布拉拉表示，南德隆皮影戏可能会根据社会中的三种群体的反应做出相应变化，分别是拒绝现代文化潮流和影响的群体、妥协或接受融合的群体以及顺应潮流的群体。南德隆皮影戏制作人和相关人员将如何做出改变，笔者就不得而知了，但可以确定的是他们所做出的每一个决定都是基于对南德隆皮影戏的欣赏和热爱。①

　　出众的语言能力是南德隆皮影戏制作人从古至今的一个重要特征。南德隆皮影戏制作人必须有一定的语言能力，才能让南德隆皮影戏受欢迎，确保南德隆皮影戏的演出能一如既往地出彩。例如，多种口音的配音能力、选择适合角色出身和地位的配音的能力、与南德隆皮影戏表演场合相符的语言运用能力、以创造性方式选择有趣笑话取悦观众的能力、创作和演唱优美诗歌的能力。未来南德隆皮影戏制作人可能需要考虑使用能将故事传达给非南部观众和外国语言，使他们也能够看懂南德隆皮影戏，并且在屏幕下方制作不同语言的字幕，最重要的是，南德隆皮影戏制作人必须平衡各种语言的使用，使其在满足观众需求和保留南德隆皮影戏展示南部人身份价值之间保持平衡，以避免南德隆皮影戏丢失其身份特征。

七、结论

　　本文论述了南德隆皮影戏的演变，尤其是在多元文化社会中产生的语言变化。在一些场合中南德隆皮影戏制作人在表演时已从以南部方言为主变为多种语言结合。南德隆皮影戏制作人改变语言选择是为了满足更多的受众，因为拥有不

---

① P. Boosararat. "Dramatic Works of Songkhla Lake Changes and Relationships with the Social Culture of Nang Talung and Nora". Bangkok: Institute for Southern Thai Studies, Taksin University, 2010.（in Thai）

同文化背景的观众无法理解表演中使用的南部方言。将表演语言变为观众理解的语言是打破文化障碍的一种有效的做法，南德隆皮影戏制作人因此能够将人物故事呈现给另一群人。笔者列举了一些存在这种现象的南德隆皮影戏剧团的例子，如"农德先生当地文化南德隆皮影戏团"和使用三种语言表演的"特斯·珀阁南德隆皮影戏团"。

在全球化趋势下的多元文化社会中，与拥有不同文化背景、生活方式的人接触是不可避免的。认识和学习其他语言及文化，向其他文化背景的人展示自己和自身文化都是交流中必不可少的。但是我们要把握沟通和接纳的尺度，保护自身文化的价值，否则，每个社会中的个体身份或独特性都会丢失。这是每个社会每个人都必须意识到并有所反思的问题。因此，民间表演艺术的语言修改后却没有得到回应或与社会认同不相符的，最终都会逐渐消失。所以，我们完全不用担心反映南部人身份的南德隆皮影戏会从社会中消失，因为最终决定什么应该留下或什么应该消失的是与时俱进的社会。无论如何，即使是上述的语言变化也仅仅是南德隆皮影戏当下一个很小的变化，但南部社会应该关注、思考和共同探索南德隆皮影戏语言的变更，这是为了让南德隆皮影戏能够在多元文化的社会中与南部人一同前行。

参 考 文 献

BOOSARARAT P, 1998. Rum Nang: shadow play performance in the southern Thailand's west coast. Songkhla: Institute for Southern Thai Studies Taksin University.

BOOSARARAT P, 2008. Songkhla lake: Kanpothorn of Nang Talung and Nora[J]. Taksin kadee journal, 7（2）：27-53.

BOOSARARAT P, 2010. Dramatic works of Songkhla lake changes and relationships with the social culture of Nang Talung and Nora. Bangkok: Institute for Southern Thai Studies, Taksin University.

NAWIGAMUNE A, 1987. Nang Talung-Nang Yai[M]. Bangkok: Silapa wannagam.

PREMSRIRAT S, 2013. Developmental linguistics: people's empowerment and endangered language revitalization[J]. Journal of language and culture, 32（2）：1-18.

YOOTHONG J, 2016. Adaptation of shadow play to changing circumstances[J]. Rusamilae Journal, 37（3）：42-52.

YOOTHONG-SAENGUTHAI J, 2013. Shadow puppet show: social life and customs of southern Thailand[M]. Trang: Institute for Southern Thai Studies.

Southern Thailand Shadow Plays: Language Movement in a Multicultural Society

Written by Nutchanan Satjachaleaw   Sarawut Kraisame
Translated by Jiratchaya Namwong LIN Yijia ZHANG Ting

Abstract: This article discusses changes in shadow plays in southern Thailand's multicultural society, especially from a language in a multicultural context perspective, multicultural society inevitably leads to contact in terms of language, culture and way of life. These contacts cause continuous changes in many aspects of society, including changes in the folk arts. Southern Thailand's shadow plays are a form of folk art that has changed as a result of multicuturalism. The study founded that shadow plays in this region have modified their presentation format in order to appeal to a larger, more multicultural audience by using a variety of methods, such as performing in central Thai or foreign languages and adjusting the plays to make them move contemporary. These changes served to make the shadow plays a dynamic part of southern Thailand diverse society.

Key words: Shadow Plays; Southern Thailand; Movement of Language; Multicultural Society

中泰关系

泰国吞武里皇郑信与中国

段立生[①]

摘要： 泰国吞武里王朝创始人郑信，祖籍广东澄海。其父郑镛于清雍正初年移民泰国，娶泰女洛央为妻，1734 年生下郑信。郑信出生不久后被财政大臣昭披耶却克里收为养子。他生于华人家庭，长于泰人家庭，从小精通汉语和泰语。这种特殊的经历，对他日后的事业发展产生了重要影响。

1767 年，缅甸侵略军攻陷泰国首都，阿瑜陀耶王朝灭亡。郑信率五百名泰华士兵冲出重围，以东南沿海为基地，在泰华民众的支持下，造船百余艘，挥师北上，驱逐缅军，恢复了泰国的主权和独立，建立吞武里王朝。

郑信作为吞武里皇执政十五年，对内发展经济，医治战争创伤；对外抗击缅甸，开疆拓土。他十分重视恢复与中国的朝贡关系。初期，清政府从封建正统观念出发，认为他不是皇室后裔，拒绝承认他的政权，后来被他的至诚打动，终于同意郑信遣使朝贡。1782 年，正当郑信派遣的贡船到达广东的时候，泰国国内发生骚乱，郑信被弑。

由于各种复杂的原因，郑信死后很长一段时间内，对郑信的研究成为一个禁区。郑信被加上许多污蔑不实之词，他的历史功绩也未获得充分肯定。本文梳理中泰文史料，还原一些基本历史事实，以便读者阅后对郑信有公正的评价。

关键词： 泰国；吞武里王朝；郑信

在与泰国首都曼谷隔河相望的吞武里，矗立着一座雄伟的纪念碑，上端有一个骑马戎装的塑像，碑面镌有几行文字：

> 此碑为纪念达信皇大帝和增进他的荣誉而建。他是泰国的好男儿。
> 生于佛历 2277 年（1734），卒于佛历 2325 年（1782）。
> 泰国政府和人民于佛历 2497 年（1954）4 月 17 日敬立此碑，以便提醒泰国人民牢记他抵御外敌，恢复泰国独立和自由的恩德。[②]

这位达信皇大帝，就是泰国历史上著名的民族英雄、吞武里王朝创始人郑信。

---

① 作者简介：段立生，1944 年出生，中山大学国际关系学院教授。
② [泰]德里·阿玛塔雅古，《泰国英雄纪念碑》（泰文），1977 年版，第 16 页。

郑信本人有中国血统,在他领导的驱缅复国的斗争中华侨华人曾发挥了重要的作用,当他建立了吞武里王朝后,又积极谋求与清朝政府恢复朝贡关系。郑信在位的十五年堪称泰国历史上泰人和华人相处最融洽的一段时期,亦是中泰友好关系史上值得称颂的一章。回顾郑信与中国的关系,可以看到中泰两国人民之间的血谊之情和友好交往。

郑信是华裔,这是中外史学界一致公认的事实。但是关于郑信的祖籍,则有三种不同的说法:一说惠州,一说海丰,一说澄海。经笔者实地调查,证实郑信祖籍澄海一说最为可信。

郑信的父亲名叫郑镛,系广东澄海县华富村人。据潮州地方文献《韩江闻见录》载,澄海的郑姓居民是唐宋时从福建莆田迁来的。到郑镛一代,已是清季初年,显然有好几百年历史了。现在澄海华富村还有一所郑氏宗祠,为一字并排的三间瓦房,中屋稍大,供奉神龛,门楼上额楷书"郑氏宗祠"四字。门旁有一小石碑,碑文已模糊不清,但可依稀辨出该祠建于 1922 年。据了解,郑姓在华富村并非大姓,且多数贫穷,无力修葺宗祠,估计宗祠是郑姓的海外后裔所建。村外乌鸦地有郑信衣冠冢,修筑年代不详。四十二梅居士在《郑昭传》中说:"予家南洋(村名),距华富里仅数里,少时尝访其墓,颓败已甚,遗族数家,亦贫不自存。民国初,邑人为之修饰,今犹焕然。"① 可见郑信衣冠冢在民国以前就有了。在耕地极缺的条件下,当地乡民出于对郑信的敬仰,在郑信衣冠冢四周种植蔬菜,而始终没有将坟冢夷为平地。1972 年,澄海县博物馆将郑信衣冠冢列为县级文物保护单位,之后又进行扩建,成为一座园林式的墓苑。

郑信的父亲郑镛于清雍正初年从澄海樟林港乘红头船到暹罗。郑镛为什么出国?四十二梅居士在《郑昭传》中解释说:"父达,旷荡不羁,乡人号之曰歹子达。歹子犹言浪子也,以贫不自聊,且见恶于乡,乃附航南渡。"② 棠花在《泰国古今史》中也说:"郑镛年轻时在故乡,因行为不检,被目为浪子,不容于乡党,遂南渡来泰。"③ 其实,这种说法并未道及根本。郑镛是清朝初年移居暹罗的千百名澄海人中的一员,他的迁移原因也应和绝大部分潮籍移民一样,要结合当时的社会历史背景来分析。

澄海地区,人稠地窄,"既鲜可耕之土,而又潮汐之往来,咸气薰蒸,一冲根株,则禾苗立槁,以视膏腴沃垠之区,相去奚啻倍蓰。故务农者用力多而收常歉。"④ "土田所入,不足供三月粮。"⑤ 在生齿日繁、物力渐耗的情况下,许

---

① 四十二梅居士系笔名,姓梅,时年四十二岁,是在家修行的佛教徒。其著作《郑昭传》,载《珊瑚》半月刊,第 3 卷第 2 号,1928 年 8 月出版。
② 同上。
③ 棠花:《泰国古今史》,曼谷 1982 年版,第 40 页。
④ 李书吉:《澄海县志》,卷一三。
⑤ 李书吉:《澄海县志》,卷六。

多人靠泛海为生。加之"澄居韩江下流，地势卑洼，故水灾之患，无岁无之"①。
天灾、人祸、兵燹，使大批自耕农破产，成为无业游民，为了谋求生存，不惜背
井离乡，远走异域。

澄海居民大批移居暹罗，还跟中暹大米贸易的兴起有关。康熙六十一年
（1722），康熙皇帝听暹罗贡使说："其地米甚饶裕，价钱亦贱，二三钱银即可买
稻米一担。"② 为了解决闽粤两省的米荒，康熙公开鼓励中暹大米贸易。澄海既
缺大米，居民又长于航海，自然和暹罗结下不解之缘。

清政府开放海禁，为华侨出国打开方便之门。《嘉庆一统志》卷五五二《暹
罗条》说："澄海县商民领照赴暹罗买米，接济内地民食，虽行之已阅四十余年，
但此项米船，据称回棹者，不过十之五六。"

郑信的父亲郑镛，正是在这种背景下南渡暹罗的。我们虽无更多有关郑镛的
材料，但可以断定，郑镛属于破产农民一类的人。他的出走，可能跟雍正初年澄
海连年遭灾有关。从间接因素讲，与中暹大米贸易的兴起、清政府对移民限制的
放宽，以及清初形成的潮属旅暹华侨的出国高潮都有联系。生活无着，外出谋生，
这才是郑镛出国的根本原因。

郑镛来到暹罗阿瑜陀耶王朝首都后，先贩卖水果，后包揽赌税，渐至发达，
并获坤钺陀那的封爵。他娶暹女洛央为妻，于 1734 年 4 月 7 日生下郑信。郑信
出生不久，被过继给财政大臣昭披耶却克里当养子。过继的缘由，颇多争议，其
中有一个传说，流传很广，几成信史。这个传说首见于泰文手抄本著作《祖先的
伟绩》③：

> 此儿（指郑信）生仅三日，卧簸箕内，有巨蟒，蟠绕其身。其父以为
> 不祥，拟杀之。依中国俗，应予活埋，唯此地为暹罗，不能依中国俗而
> 行，须弃儿于屋外，始可脱祸焉。碰巧昭披耶却克里外出散步看见，遂
> 将他收为养子。

这个传说不能使人信服之处在于，中国从来没有这样的习俗，因蛇缠身，就
要将婴儿活埋或遗弃。相反，照旧中国的迷信看法，龙蛇呈现乃帝王之象。估计
郑信初生有巨蟒缠身的传说，是吞武里时代的华侨文人所编，最初的意图是证明
郑信有帝王之命，后来经曼谷王朝时代文人的删改，吉兆变凶兆，强调郑信多亏

---

① 李书吉：《澄海县志》，凡例。
② 《清实录》圣祖实录，卷二九八。
③ 《祖先的伟绩》原是写在树皮纸上的泰文手抄本，作者不详，系碧帕滴那·素巴滴家的祖传遗物。其父是一
世皇血统，其母是郑信血统。碧帕滴那·素巴滴逝世后，格龙帕那空萨旺亲王选择抄本中与郑信和一世皇至
三世皇有关的部分章节出版。第一次印刷是在佛历 2473 年（1930）。以下所引译文，均转引自陈毓泰《郑王的
童年》，载《中原月刊》第 1 卷第 2 期。

被昭披耶却克里收养,否则早已没命。细读《祖先的伟绩》,可以发现被删改的痕迹。下面还有一段文字:

> (洛央)怀胎满十足月,即产一雄,貌英俊,昭披耶却克里爱之如己出,请收为养子,华人海丰(郑镛)不能却,遂许之。

显然与上述传说相抵牾。

郑信过继给昭披耶却克里当养子的真正原因,从迷信传说中是找不到答案的,应从他们两家的关系去探讨。郑镛家境富裕,郑信又是独子,若非亲非故,岂肯轻易送人?两家非亲,这是可以肯定的;两家有故,则可以找到一些线索。昭披耶却克里是阿瑜陀耶王朝财政大臣,郑镛是包税商,他们之间有业务联系。郑镛曾获坤钹陀那的封爵,属暹罗正式官员,隶财政部,是昭披耶却克里的下属。加之,两家为近邻,过从甚密。鉴于昭披耶却克里无后,郑镛或许出于友情,或许出于对事业发展和孩子前途的考虑,才将郑信送给昭披耶却克里抚育。

据说郑信到昭披耶却克里家后,养父家财运亨通,因而给他取名为"信",即泰语"财富"的意思。在 19 世纪拉玛五世改革以前,泰国人没有姓。郑信保留生父郑姓,使用泰名,这件事的本身就足以说明生父和养父之间的情谊。

郑信生于华人家庭,长于泰人家庭,从小精通华语和泰语。这种特殊的经历,对他日后的发展发生了重要影响。他接受了泰国传统的寺院教育,又以财政大臣养子的身份入宫充任御前侍卫,直至 1767 年阿瑜陀耶王朝被缅甸灭亡前,年仅三十四岁的郑信已经是具有披耶爵衔的达城行政长官了,因此,泰国人称他披耶达。由于郑信是华裔,这又使他先天具备了联合广大华侨参加抗缅复国斗争的有利条件。泰国当代知名人士讪·攀诺泰说:"除了郑信,没有人能像他那样把泰人和华侨的力量紧密地团结起来,胜利完成抗缅复国大业。"[①] 这个评论是很有道理的。

1767 年,缅甸军队攻陷暹罗首都,历时 417 年的阿瑜陀耶王朝遂告结束。各地封建军阀乘机拥兵割据,暹罗国内一片混乱。在这民族存亡的关键时刻,郑信挺身而出,肩膺驱缅复国的重任。在郑信领导的抗击缅甸侵略、恢复暹罗独立和统一的军事斗争中,广大旅暹华侨做出了重要的贡献。

阿瑜陀耶王朝末期,暹罗华侨无论从人数或财力来说,都是不容低估的助力。李长傅的《华侨》说:"华侨之人数,清康熙年间,暹罗全国人口六百万,华侨一百五十万人。"这个数字把老挝和马来半岛的一部分华侨也统计在内,稍有夸大。但可以肯定,当时暹罗已经形成一个人数众多的华人社会。据西方学者估计,

---

① 讪·攀诺泰,《潮州之游——兼谈达信皇与中国皇帝的关系》(泰文),1978 年版,第 142 页。

当时在暹罗首都大城居住的华侨约有 3000 人。华侨主要从事商业活动，经营零售贸易及大米的加工和销售。也有一部分华侨从事手工业和其他体力劳动。缅军入侵和暹罗国内的政治动乱，使华侨和暹罗人民深受其害。他们的生命失去保障，随时都有被缅甸占领者掠为俘虏或处死的可能；战乱使农民和手工业者失去工作的条件和机会；国家分裂、交通阻塞，造成商业发展的障碍。所以，他们的一致愿望是驱逐缅甸侵略者，恢复被战争破坏的经济，扫除商业发展的障碍，建立统一的中央集权国家。郑信领导的抗缅复国斗争，客观上顺应了历史发展的趋势和人民群众的要求，因而获得包括华侨在内的广大群众的支持。

华侨从一开始便参加了郑信领导的驱缅复国的斗争，并成为骨干队伍。据泰国《御定本编年史》载，1767 年 1 月上旬，郑信从大城突围出来，在他率领的五百名战士中，有相当一部分是华人士兵。当时，只有郑信手里有一支枪，其余的人皆以大刀棍棒为武器，在菩三浩村，与缅甸追兵发生激战，击溃缅军，缴获不少弹药和武器。在巴真府挽康村，又与一支开赴大城增援的缅军遭遇。缅军共有骑兵 30 名，步兵 200 名。郑信挥军从两翼夹击，缅军狼狈败逃。两战告捷，鼓舞了暹罗人民的斗志，许多逃散在外的人踊跃投军。1767 年 2 月，郑信的部队到达罗勇时，已发展到一万余人，成立了专门由华人组成的战斗部队。部队的装备也有了很大提升，战士手中有了火药枪，还组织了战象队。接着，郑信选择了泰国东南沿海的尖竹汶作为抗缅基地。这一带地区除具备交通方便、物产丰富、缅军势力鞭长莫及等有利条件外，华侨聚居亦是促使郑信做出这一选择的重要原因。每年从广东、福建驶来的商船，最先在这里靠岸，使这里成为重要的商品集散地和贸易中转站。华侨商人作为一种商业资本参加光复暹罗的斗争，从财政上给郑信的军队以必不可少的支援。据现存的泰文资料记载，有下列几位华侨富商曾给予郑信的军队经济资助：

（1）华商莫赛。莫赛原在大城东门外开商行，他看到阿瑜陀耶王朝十分衰弱，无法抵御缅甸的进攻，在大城沦陷前就携带所有的财货逃到尖竹汶。郑信的部队来到尖竹汶后，莫赛晋见郑信，献上印度花布 1500 骨里（一骨里等于两幅），广东色绢 200 匹，上海丝绸 100 匹，并定期捐赠军饷钱五百斤。[①] 莫赛姓郑，跟郑信同宗，后来得到銮阿派帕里的封爵。

（2）华商森。森的父亲是在阿瑜陀耶王朝末期来到暹罗的。他从中国载了一船陶瓷俑到暹罗贩卖，但无人购买，他便把这些陶瓷俑献给暹罗国王，国王赏给他一些山货，尔后又封他为通事，随贡使到北京。回来后晋爵为銮锡宋钹。以后又作为第三副使多次到北京。波隆阁王时期，銮锡宋钹被提升为格龙爵衔，担任船务官，后又再度升为管皇库的昭披耶。他有四个儿子，森是其中之一。因为听说柬埔寨发生饥馑，粮价上涨，便命森和其他三兄弟，率领 32 艘帆船，满载

---

① 古代暹罗币制：一斤等于二十单楞，一单楞等于四铢，一铢等于四沙单，一沙单等于二分，一分等于八百贝。

米、肉和咸鱼到柬埔寨贩卖。当船队到达哒叻城的时候，传来柬埔寨发生战乱的消息，森便把船队带回尖竹汶。接着暹罗首都大城被缅军攻陷，船队只得留在尖竹汶。郑信率部到达尖竹汶时，森将船上所载物资连同 32 艘帆船一起捐赠给郑信，米、肉、咸鱼供部队食用了很长时间，船则改作战船，在驱缅复国斗争中发挥了很大的作用。

（3）华商古。古的父亲拥有一支船队，来往于中暹之间做生意。大城沦陷时，船队刚好从中国回来，抵达吞武里。古因父亲去世继承了全部家产，他把船队载回的丝绸等商品捐赠给郑信，得到郑信的封赠。吞武里王朝时期，古专门负责为朝廷造船前往广东进行贸易。

（4）华商林。林是春武里城富有的鱼商，曾给郑信的军队提供食宿、金钱和许多牲畜。拉玛一世皇时，林获得格龙坤素塔拉普拜的封爵。

正因为郑信动员和团结了包括华侨华人在内的暹罗社会各阶层，形成广泛的爱国主义运动，所以能在短短几个月内将入侵的缅军驱逐出暹罗。1767 年 11 月初，郑信统领大军从尖竹汶出发，分乘一百艘船北上。11 月 6 日，攻破吞武里城，泰奸乃通因及其党羽被擒处死。接着，大军又继续向大城方向挺进。驻守三株菩提树的缅军主将苏基，命副将蒙耶率水军堵截，但为时已晚，蒙耶不战自退。苏基企图负隅顽抗，但顶不住郑信的迅猛攻势，只好献城请降。1768 年 1 月 4 日，郑信加冕为吞武里皇。

吞武里王朝建立后，华侨军又继续为了保卫新政权，抵御再度入侵的缅军，而屡建奇功。比较突出的有万公区之战和宋加洛保卫战。

（1）万公区之战。郑信光复大城的消息传到阿瓦，缅王孟驳命塔瓦城太守率兵三千，从西部入侵暹罗，抵达万公区。驻防该区的是一支华人部队，担负着镇守西部门户的重任。缅军依仗人多，将华军层层包围。华军一以当十，殊死拼搏。附近夜功城的暹罗守军急报吞武里请援，郑信亲率援军赶到，内外夹击，击溃缅军。万公区之战是吞武里王朝建立后以华人为主力对缅作战的第一次胜利，对于维护暹罗独立、挫败缅军的气焰有着不容低估的重要意义。

（2）宋加洛保卫战。1770 年，驻守清迈的缅军在波摩瑜源的率领下，南犯宋加洛城。负责守卫宋加洛城的是华侨将领陈联，他的爵衔是披耶。双方在宋加洛城下进行鏖战，陈联身先士卒，挥动双剑奋勇杀敌。他杀了许多敌人，把剑都砍折了，因而获得"断剑披耶"的美称。陈联指挥的华军以弱胜强、以少胜多，成功地保卫了宋加洛城，并牵制了大量的缅军，直至郑信率领援军赶来，把入侵的缅军赶回清迈。

万公区之战和宋加洛保卫战作为两次光辉的战例，被载入泰国史册。

可以这样认为，郑信领导的驱缅复国斗争所取得的每一次重大胜利，都与华人的贡献密不可分。正因为这样，郑信执政的 15 年中，对华人采取了优惠的政策。一些作战有功的华人被委以重要的官职，参与对暹罗社会的行政管理。华侨正当的商业活动得到支持和鼓励，没有任何限制和歧视。郑信公开招徕华人移居暹罗，大批闽、粤移民就是在这个时期来到暹罗的，既解决了暹罗社会劳动力不足的问题，又促进了商业经济的繁荣。这些华人在曼谷三聘街形成一个新的华人居住区，成为繁华的商业中心。吞武里王朝时期沿用阿瑜陀耶时期的"萨卡迪纳"制，即按所得封田的多寡将人分为不同的等级，华人在暹罗社会中属于"乃"的阶层，是享有人身自由的自由民，不必像"派"（依附民）和"塔特"（奴隶）那样承担徭役，也不必交纳人头税。对华人征收人头税，是到了尔后的曼谷王朝三世皇时期才开始实行的。披汶·宋堪执政时期，于 1942 年颁布了《关于辅助职业和职业的条例》，对华人所能从事的职业进行限制。比较起来，吞武里王朝时期无疑是泰国历史上泰人和华人相处最融洽的一个时期。

吞武里王朝十分重视与中国的关系。王朝刚一建立，郑信立即委托华侨船商陈美生携带文书，到广州请求与清政府恢复朝贡关系。他之所以这样做，是因为当时暹罗和中国都与缅甸处于战争状态。缅甸雍籍牙王朝南侵暹罗，北扰中国，使郑信的抗缅斗争和乾隆征缅变成互相声援、支持的南北两个战场。郑信有心联合中国，共同对付缅甸的扩张。另外，郑信希望得到清政府的外交承认，确立他作为吞武里皇在暹罗国内的合法地位和权威，并对柬埔寨、老挝等属国行使宗主权。出于经济方面的考虑，郑信希望恢复暹罗和中国的传统朝贡贸易，通过合法途径从中国购买硫磺、铁、铜等暹罗急需的战略物资，出售暹罗的丰足商品——大米和香料。

郑信与清政府的关系，可按时间顺序和事态发展分为三个时期。

（1）清政府拒绝承认郑信时期（1768 年 7 月至 1770 年 7 月）。

华侨船商陈美生受郑信之托，携带文书从暹罗乘船，于 1768 年 7 月抵达广州。两广总督李侍尧请示北京，乾隆皇帝从封建正统观念出发，认为郑信"与暹罗国王宜属君臣，今彼国破人亡，乃敢乘其危乱，不复顾念故主恩谊，求其后裔复国报仇，辄思自立，并欲妄希封敕，以为雄长左券，实为越理犯分之事"①。除了将郑信请封原文掷还，乾隆皇帝还命军机处以两广总督李侍尧名义拟一份回文，严饬郑信，由陈美生捎回。在这段时间里，清政府主要通过河仙莫士麟了解暹罗的情况。河仙位于现今越南的南端，清朝初年广东雷州人莫玖率族人避难至此，将它开发为重要的港口，并建立了称为本底国的华侨自治体。莫玖死后，其子莫士麟（即莫天赐）继立。1767 年大城沦陷于缅甸后，阿瑜陀耶国王的孙子昭萃、昭世昌投奔河仙，莫士麟便萌生了立昭萃为王、逐鹿暹罗的野心。他看准清政府从维护封建正统出发，希望原暹罗国王的后代子孙复立，便以辅佐昭萃为名，邀取清政府信任，同时诽谤郑信，诱使清政府拒绝承认郑信。

---

① 《清实录》高宗实录，卷八一七。

（2）清政府对郑信的看法逐渐改变时期（1770 年 7 月至 1771 年 8 月）。

在这段时间里，尽管清政府仍然坚持不承认郑信的吞武里政权，但已经看出原暹罗国王的后代子孙复立无望，郑信实际上控制了暹罗的局势。客观形势的发展使清政府不得不改变对暹罗的政策。1771 年 8 月，郑信将他俘获的缅军头目泻都燕达等解送广州，乾隆皇帝指示两广总督李侍尧："不必概付不答，绝之太甚。自应即以该督之意，酌量赏给缎匹。"① 李侍尧也意识到，河仙莫氏诋毁郑信，"揆其隐曲，当暹罗残破，裔孙昭萃逃至该镇之时，莫士麟未始不欲藉以居奇，从中图事"②，对河仙莫氏也不像以往那样听信了。这样，清政府开始改变对郑信的生硬冷淡态度，对郑信与莫士麟的矛盾斗争也听其自然。正如乾隆皇帝对军机大臣的谕示所说："暹罗僻在海外，地势辽远，固非声讨所及，即丕雅新（郑信）篡窃鸱张，自相吞并，止当以化外置之。若河仙镇目莫士麟欲为邻封力图匡复，亦唯听其量力而行，更可不必过问。"③

（3）清政府正式承认郑信时期（1771 年 8 月至 1782 年 2 月）。

郑信以清政府的态度转变为契机，主动采取措施促进两国关系的发展：1772年，送粤省海丰县民陈俊卿等眷口回籍；1775 年，送还被缅军俘虏的滇兵赵成章等十九人；1776 年，送云南商人杨朝品等三人回籍；1777 年，押送缅俘霭呵等六人来粤。清政府为郑信的友好至诚所动，更重要的是郑信已经成为暹罗实际上的统治者，促使清政府必须正视现实。乾隆皇帝说："其易姓争据，事所常有，如安南国陈、莫、黎诸姓，亦已屡更其主，非独暹罗为然。况丕雅新当缅匪攻破暹罗时，以报复为名，因利乘便，并非显有篡夺逆迹。……至其代立源委，原不必拘于名分，从而过问。丕雅新初立势孤，欲求依附，若中国始终摈弃弗纳，彼或惧而转投缅匪，非策之善也。"并谕示李侍尧："嗣后丕雅新处若无人来则已，设或复遣使禀请加封，愿通朝贡，不必如前固却，察其来意果诚，即为奏闻，予以封号。"④

从 1772 年 8 月开始，清政府的官方文件不再对郑信采用"暹罗国夷目"这种蔑称，也不再叫他的旧官衔"丕雅新"，而是称他为"郑昭"，即"郑王"的意思。

清政府一反军火不准出洋的惯例，允许郑信派人来中国购买军需物资，计有两次：1775 年买回硫磺五十担，铁锅五百口；1776 年买回硫磺一百担。事后，乾隆皇帝还指示两广总督杨景素："前暹罗两次求买硫磺、铁锅等，俱经加恩允许，此后该处若再需用，仍当准其买回。"⑤

---

① 《清实录》高宗实录，卷八九一。
② 清史档案，乾隆三十六年六月七日李侍尧奏折。
③ 《清实录》高宗实录，卷八六四。
④ 《清实录》高宗实录，卷八九五。
⑤ 《清实录》高宗实录，卷一〇三六。

1777 年 7 月，郑信派三名使节到广州，书面提出恢复正式朝贡关系的请求。清政府明确表态："准行。"

郑信经过充分准备，于 1781 年派出以披耶逊吞那排亚突为贡使，包括王子銮利陀提奈毗罗和诗人摩诃奴婆在内的庞大外交使团，5 月从暹罗出发，分乘十一艘大船，满载象牙、犀角、苏木、藤黄等货物，7 月抵达广东。摩诃奴婆曾作《广东纪行诗》，记述了这次外交活动。① 《广东纪行诗》描述了贡船在海上航行的情况，以及抵达广州口岸时见到的繁荣景象，称赞中国的强盛，歌颂中泰友好。此诗采用泰诗"长歌体"，长达五千余言，文辞优美，叙事流畅，是泰使入贡中国留下的唯一文献，堪称泰国文学史中之上乘精品。

据清史档案载，在暹罗正式使团到达以前，有两只贡船先于 6 月抵达广东南海县，送来两份公文。"内一件禀称，谨备牝牡象只及土产等物，遣使朝贡，恳请转奏等。情词颇为恭顺，似出至诚。惟文尾声称，暹土初安，府库空虚，建整城郭费用无资，只有土产货物，欲发船载贩厦门、宁波等处，请给牌照，并乞恩著行商代请火长，驶船往贩日本等语。……另一禀内称，装载贡礼货物船四只，并揽载商船七只，另备苏木、象牙等物，此贡外之贡，再乞转奏代进。又有致送礼部并督府衙门苏木、红木，甚至馈及行商。请将余货发行变价以作使臣盘费，并求买铜盘、铜炉，先放空船回国等语。"②

从这两份文件看出，郑信有一个大胆的设想，将中暹官营贸易扩大到广州以外的口岸，借助中国的航海技术和人力，发展与日本的远航贸易。为了实现这个计划，郑信准备了贡外之贡和礼品，对清政府上下打点。遗憾的是郑信的想法并未得到清政府的同意。

嗣后，暹罗贡使送来正式国书，据说出自郑信手笔。国书原件北京故宫清史档案里已经不存。泰国艺术厅 1964 年公布了保存的底稿，主要内容有：

> 中国渔民三十五人遭风漂至暹罗，受到赈济，给他们钱、衣服、粮食。计给钱一斤；粮食三十五桶，每桶折币一铢，合八单楞三铢。总计钱一斤八单楞三铢。
>
> 十九名滇籍士兵被缅甸俘虏，在泰缅边境遇救，现已送回北京。曾发给他们钱、衣服、粮食。钱一斤另十二单楞；衣服每人一套，每套价值一铢二沙单，合七单楞二沙单；粮食十九桶，每桶价一铢，合八单楞三铢。总计二斤三单楞三铢二沙单。

---

① 摩诃奴婆所作《广东纪行诗》原系泰文，姚楠、许钰从英文版译为中文，载《古代南洋史地丛考》，商务印书馆 1958 年版。后收入段立生《泰国吞武里皇郑信中文史料汇编》，泰国华侨崇圣大学出版社 1999 年版，第 133-159 页。
② 清史档案，乾隆四十六年七月二十七日觉罗巴延三和李湖奏折。

　　另一次救援三名中国士兵，给钱九单楞；衣服每人一套，每套价值一铢二沙单；粮食三桶，每桶一铢，合三铢。总计十单楞三铢二沙单。

　　要求清廷遣返泰籍战俘①，当讯问完有关缅甸的情况后，让他们回国与家人团聚。

　　暹罗要修建新都，要求中国免征船货税银三次，每次三艘船。如蒙大清皇帝同意，将载运大米、苏木来卖。广东一船，宁波一船，厦门一船。然后购买属于非禁品的砖瓦回国。

　　请求代雇中国火长(导航员)率两艘暹罗船到日本载运红铜。

　　为了两国的友好关系，恳请大清皇帝接受贡外之贡。计有苏木一万担、象牙一百担、锡三百担、犀角一担、藤黄一百担、胡椒三千担、牝牡象各一只。

　　这份国书特别注明没有使用王印，而是盖三首象印，含有请清政府重颁玉玺之意。文中称乾隆为大清皇帝，郑信自称颂德帕波隆拉查第四，以示承袭阿瑜陀耶王朝颂德帕波隆拉查第三。

　　清廷接到这份国书后，传谕两广总督巴延三："予副贡内只收象牙、犀角二项，同正贡一并送京交礼部，于照例赏给之外，查例加赏，以示厚往薄来之意。其余所备贡物，准其在广省自行觅商变价，并将伊等压舱货物，均一体免其纳税。"②

　　暹罗贡使一行由广东督府派员护送，于 1782 年正月抵北京。乾隆皇帝在圆明园"山高水长"设宴款待他们。3 月，贡使丕雅逊吞亚排那突在京病逝，清政府专门为他举行了葬礼和追悼仪式。副贡使銮披差沙奈哈完成外交使命，于 7 月起程返国。在使团返回暹罗之前，暹罗国内发生政治骚乱，拥有强大军事实力的军功贵族昭披耶却克里乘机杀死郑信，夺取政权，建立了曼谷王朝。使团从中国购回的大量建筑材料，正好被用于修建曼谷的新皇宫。

　　综上所述，郑信和清政府的关系虽然经历了一个曲折的发展过程，但郑信始终把同中国建立正常邦交列为基本国策，并通过不懈努力，以大规模的外交使团访问中国为途径，把两国的友好关系推向新阶段。郑信在阿瑜陀耶王朝灭亡之后，不仅恢复和发展了中暹之间的传统友谊，而且为尔后的曼谷王朝奠定了与中国外交关系的基础。郑信死后，曼谷王朝一世皇致书清政府，自称是郑信之子郑华，表示要遵循父训，"慎重无改旧制"，"以社稷为念，天朝是遵"。③暹罗曼谷

---

① 清政府从未与暹罗发生过战争，这里所谓"泰籍战俘"，大约指被缅甸裹挟与中国作战的泰人。

② 《清实录》高宗实录，卷一一四〇。

③ 清史档案，军机处录副奏折，卷号一二二五，暹罗国长郑华(一世皇)致清廷国书原文。载段立生《泰国吞武里皇郑信中文资料汇编》，曼谷：华侨崇圣大学出版社，1999 年，第 60 页。

王朝与清朝政府的朝贡关系，一直持续到 1869 年。郑信作为两国政府间友好关系的缔造者之一，其承上启下的历史作用不容低估。

关于郑信去世的原因，过去一直流传这样的说法：郑信晚年患了精神病，行为反常。曼谷王朝初出版的泰文《编年史》说，郑信之所以发疯，是因为他的两位宠妃与葡萄牙侍卫通奸被处死，事后他非常痛苦，致使精神失常。此事发生于佛历 2312 年(1769)。这就出现了一个大漏洞，1769 年后郑信仍然在位长达 13 年，并在此间领导了 7 次对缅战争和征服老挝、柬埔寨的战争，这岂是一个精神病患者所能胜任的？

泰国当代历史学者沙南·孟翁在其著作《吞武里——曼谷王朝史》中对这个问题做了一番解释，他把郑信发疯的时间分为几段。"有历史依据可以说明郑信有过几段时间的精神失常"，"佛历 2312—2319 年表现为脾气暴躁，容易发怒"，"佛历 2319 年后更是行动反常，真正疯了"，发疯的原因"是由于他对国家事务过于操劳，没有得到很好休息"，"打坐参禅的方法不对"。[①] 沙南·孟翁的解释也不能自圆其说，他提供的"历史依据"至多只能说明郑信在个人修养上的缺点，不能说明他精神失常。

郑信患精神病的说法不仅被写进泰国历史教科书，还被西方和日本的学者所沿袭。鲍林的《暹罗国王与人民》(*Kingdom and People of Siam*)、吴迪的《暹罗史》(*History of Siam*)、日本学者山口武原的《暹罗》(*Siam*)都持这个观点。

对以上说法，笔者不以为然。

1782 年发生在旧都阿瑜托耶的民众骚乱是导致郑信之死和吞武里王朝灭亡的直接原因。1767 年缅军围攻阿瑜陀耶城的时候，城内居民纷纷将贵重财物埋到地下。经过战火的洗劫，这些财物的主人大多伤亡或被俘，待阿瑜陀耶城光复，挖掘无主的地下财物便成了一种热门的职业。吞武里王朝对此实行征税。一个名叫帕·威集拉农的官员以每年纳钱 500 金的代价向政府取得挖掘地下财物的垄断权。他依仗权势鱼肉百姓，使一些居民无以为生，被迫造反。造反民众在乃布纳、枯该和枯素拉三位首领的率领下，袭击阿瑜陀耶城的昭孟(城主)因它拉阿派的官邸。因它拉阿派抵挡不住，逃到吞武里告急。郑信命令披耶讪带领王宫禁卫队到阿瑜陀耶城去镇压。披耶讪到达阿瑜陀耶城后被他的弟弟——造反群众首领之一的枯该说服倒戈，并被拥戴为首领。披耶讪命令他的部队每人在脖子上系一条红围巾，作为识别标志，会同阿瑜陀耶城的造反群众，转而进攻京都吞武里。这时，郑信的主力部队被派往柬埔寨作战，京城卫戍部队又被披耶讪带走，王宫里没有多少兵力，只有一些外国雇佣兵负责守卫。经过一夜的战斗，王宫卫队渐渐不支，郑信只好派洪寺长老出宫同造反者谈判，接受披耶讪的条件：郑信退位，剃度为

---

① 沙南·孟翁，《吞武里——曼谷王朝史》(泰文)，佛历 2521 年(公元 1978 年)第 3 版，第 60 页。

僧。当天，郑信便到王寺里落发出家，披耶讪派人将王寺严密看守起来，防止他逃跑，自己则进驻王宫，俨然以吞武里的统治者自居。

正在柬埔寨作战的昭披耶却克里闻知国内变故，密令其弟昭披耶素拉西撤军，并把随军主管后勤的王子昭水抓起来。昭披耶却克里同安南统帅阮有瑞达成和平协议后，便带领部队从巴真武里和那空那育府撤回暹罗。1782 年 4 月 6 日，昭披耶却克里回到京城。第二天，郑信被处死，同时被杀的还有王子昭水、王孙格龙坤拉普摆和格龙坤阿奴拉颂堪等人。正如越南史籍《大南实录》正编列传初集卷之三十二所言：

> 会暹罗古落城(古都)贼起，郑国英(郑信)遣丕雅(披耶)冤产出战，贼首党乃冤产之弟，冤产乃合兵倒戈，反攻望阁城(曼谷)，城内人开门纳之。郑国英闻难，作逃于佛寺，冤产执而囚之。驰告质之(即后来的一世皇)回国。质之得报，以为既与有瑞(越军将领)议和，无后顾忧，遂连夜引兵回望阁城。将至，暗令人杀郑国英而嫁祸于冤产暴扬其罪恶，责其作乱，锁禁别室，寻杀之。遂胁众自立为暹罗王，号佛王。[①]

接着，昭披耶却克里举行了加冕礼，号称拉玛一世。他把首都从吞武里迁到湄南河对岸的曼谷，史称曼谷王朝。

北京故宫清史档案里现今还保存着郑信去世后曼谷王朝拉玛一世呈送清政府的国书原件：

> 不幸小邦福薄，于乾隆四十七年二月二十三日祸延亡父，昭因病身故。临终之际嘱华慎重无改旧制，当以社稷为念，天朝是遵。华自父故任政之后，幸赖皇天福庇，属土皆安，回思旧制，暹罗忝叨属国，理合禀报。兹特遣朗亚排川罗蒂贵文禀赴阶前，并差船商驾船前来护接贡使回国。俟至贡朝，华当虔备方物朝贡，俾亡父被皇恩于不朽，使华永戴圣德而无穷。

从这份文件可以知道，郑信死亡的确切日期是乾隆四十七年(1782)农历二月二十三日。至于死因，照拉玛一世的说法是"因病身故"，这显然是一种托词。清政府在回文中要求郑华"将尔父身亡及尔继嗣各情节详细声叙"，说明清朝政府对这个问题已经有些怀疑。直到 1784 年，郑华的贡使到达广东，送来的国书里避而不答清政府在上次谕示中所问的问题，将郑信身故的情节含混过去。至于

---

① 段立生，《泰国吞武里皇郑信中文史料汇编》，曼谷：泰国华侨崇圣大学出版社 1999 年，第 130 页。

为什么拉玛一世自称郑华，是郑信之子，道理很简单。因为拉玛一世作为郑信的老部下，自然悉知郑信与清政府建立外交关系的全过程。特别是因为郑信不是王室的后裔，而久久得不到清政府的正式承认，遂拉玛一世自称是郑信之子郑华。事实证明这个办法十分奏效，时隔不久他便得到清政府的册封。以后的拉玛二世、拉玛三世、拉玛四世呈交清政府的国书中都沿称姓郑，并有各自的中文名。更为重要的是，曼谷王朝自拉玛一世以来，确实遵循郑信所制定的外交政策，积极发展与中国的睦邻友好关系，"慎重无改旧制，当以社稷为念，天朝是遵"。暹罗曼谷王朝与中国清政府的互相往来一直延续到 1869 年。

　　吞武里王朝灭亡后，作为吞武里王朝创始人的郑信，受到了极其不公正的对待，很多历史真相被恶意篡改。比如郑信的死因，曼谷王朝初期流传的说法是郑信晚年患了"心疾"，神经错乱，疯疯癫癫，所以才被他的部将兼女婿通銮（质之）取代。这显然是一种污蔑不实之词。本来，披耶讪攻陷京都之后，郑信答应退位，剃度出家，按照佛教惯例是可以免死的。可郑信最后还是遭到杖杀，时年仅四十八岁。与常人不同的是，他是被人用檀香木棍打死的，这是处死帝王的礼制。在这以后很长的一段时间里，有关郑信的事情成了老百姓不准议论的禁区。然而，郑信驱缅复国的丰功伟业是谁也抹杀不掉的。不知从什么时候开始，吞武里、曼谷和罗勇等地先后出现了郑王庙，每逢郑信的生日、登基纪念日及遇难日，人们都会自发地来到庙里，在郑信的塑像上贴上金箔，挂上花串，献上祭品，燃一炷香，寄托哀思。

　　笔者曾经走访了这些郑王庙，吞武里、曼谷的郑王庙都是藏在偏僻的陋巷之中，民众都是偷偷摸摸来悼念的。唯有罗勇的郑王庙宽敞雄伟，屹立海滨。那里的民众很自豪，即使在郑信蒙受不白之冤的日子里，他们也敢于理直气壮地拜祭郑信，因为郑信率领的船队正是从这里出发，挥师北上，将缅甸侵略军赶出泰国，赢得泰国的自由和独立。

　　郑王庙的修建，实际上是中国传统文化的一种体现。中国文化提倡慎终追远，祭拜祖先，崇拜英雄。对做出重大贡献的祖先和英雄，要立庙祀之。中国人崇拜的神，多数都是由人变成的，并非凭空想象。而传说中人一旦变成神，就会变得更加伟大，更加神通，同时具备各种超自然力，能够庇护和保佑世间百姓。中国人的这种鬼神观也影响了当地泰人，这从许多泰人到郑王庙虔诚烧香祭拜，便可得到证明。

　　郑信去世二百余年，留下很多历史遗迹，成为著名的文化旅游名胜地，如黎明寺塔。黎明寺塔耸立在湄南河畔，为曼谷的地标建筑。这是一座吉蔑式的佛塔，流行于吉蔑人建立的真腊王国时期。柬埔寨语称为"巴刹"（Brasat），原是婆罗门教的庙宇，后泰人仿建为佛塔。这种塔跟泰国称为"斋滴"的佛塔不同，泰语称为"巴朗"（Balang），它比真正的吉蔑塔要宽敞高大。整座塔由底座、中部和塔尖组成，塔尖部分犹如玉米的尖部，楞状的塔饰如玉米粒层层重叠。也有的建成菠萝瓣状，用彩陶或玻璃装饰，在阳光的映照下熠熠生辉。塔的建筑装饰受婆罗门教影响很深，主塔代表宇宙的中心须弥山，是神仙居住的地方。周围的四座小塔，代表人类居住的四大部洲。主塔塔身四周有毗湿奴骑着三首神象的雕塑，塔基由神猴阿努曼和力士金刚驮负。主塔高 67 米，有石梯直达塔的中部。登塔远眺，湄南河像一条彩带，将吞武里和曼谷串联起来。相传 1767 年缅军围困阿瑜托耶城时，郑信率五百名泰华士兵拼死冲出重围，乘船沿湄南河而下，船行至这里，刚好迎来天明，故将其命名黎明寺塔。而当地华人则习惯称之为郑王塔。塔旁的黎明寺，原是吞武里王朝时期的皇家寺院。郑信最后就是在这里出家后被杖杀。

又如郑王故宫。吞武里皇郑信的故宫与黎明寺毗连，现被划进泰国海军部的范围。现存郑信故宫的寝殿十分简朴，外观如同中国南方农村的一间民房。时隔 200 余年，房子虽未坍塌，但已破旧。泰国海军部决定动工修建，将其辟为郑王故宫博物馆。1995 年 5 月 15 日正式动工，诗琳通公主为动工仪式剪彩。1998 年 12 月 27 日，郑王故宫博物馆修缮完毕并举行了隆重的开馆仪式，笔者有幸随郑午楼先生躬逢盛典。在泰国海军部大院里，在郑王故宫遗址前的草坪上，搭起祭台，支起供桌，摆起香案花烛。数千民众身着光鲜的民族传统服饰，进入会场。仪式由故宫修复基金会主席——前海军总司令夫人坤仁依诺主持。贵宾席上，坐着 85 岁高龄的郑午楼先生和郑氏宗亲会的华人代表，他们为郑王故宫修复基金会捐赠了巨款。郑王纪念亭上挂着郑午楼撰写的一副中文对联：

> 牧野鹰扬，三尺青霜开帝业；
> 鼎湖龙去，千秋俎豆纪丰功。

这副对联对郑信一生的功业做了高度的概括。上联说郑信手提三尺青霜宝剑，驱逐外敌，统一暹罗，开创了吞武里王朝；下联说一代伟人虽然逝去，但他的丰功伟绩仍让后人千秋万代祭祀悼念。庄重肃穆的仪式结束后，大家进入室内参观。主办方想方设法恢复当年的旧貌，但已不可能，只能突出中国特点，找来一些中式家具当摆设。

再如广东澄海县华富村的郑信衣冠冢。清乾隆四十七年（1782）郑信亡故。这年秋，邑人将郑信穿过的泰、华两套服饰运回家乡，葬在了澄海县华富村边的一块菜地里，了却中国古人秉持的"落叶归根"的心愿。

1982 年笔者在中山大学东南亚研究所读研究生，为撰写硕士论文《泰国吞武里皇郑信评传》，在张映秋老师的带领下到澄海调研，来到郑信衣冠冢前。只见衣冠冢因年久失修，仅剩下一圜土堆，周围种满蔬菜，却没有将坟冢夷为平地。

笔者采访当地民众，撰写了《澄海樟林港、红头船与潮属人民旅暹初探》一文，在《汕头日报》发表，后又被翻译成泰文在泰国发表，因而引起泰国暹罗学会一批学者的关注，他们于 1983 年组团前来澄海考察参观。团长素腊克与我的导师何肇发相识，故导师让我随泰国朋友再度奔赴澄海。泰国暹罗学会的学者皆是社会贤达，表示愿意赞助修复郑信衣冠冢，最终还是由澄海县政府和侨联筹款修缮。经过十多年的岁月，当地政府又将郑信衣冠冢修葺一新。

　　1997 年泰国诗琳通公主到中国广东澄海华富村，在郑信衣冠墓前致祭，并将一项绢制皇冠送给当地政府，同行泰国朋友还赠送了一尊郑皇骑马戎装铜像，仿泰国吞武里广场上的郑皇纪念碑铜像制成。

　　现在"郑皇故里"已被列为汕头地区的重点旅游景区。"郑皇故里"占地 37 公顷，以郑信衣冠冢、郑氏宗祠为历史文化依托，结合周遭自然山水和田园风光，成为一座颇具规模的历史文化主题公园。

参 考 书 目

段立生，1999. 泰国吞武里皇郑信中文史料汇编[M]. 曼谷：华侨崇圣大学出版社.

孟翁，1978. 吞武里——曼谷王朝史(泰文)[M]. 3 版曼谷.

佚名，2008 清实录[M]. 北京：中华书局.

Thai King Taksin and China

DUAN Lisheng

Abstract: Thai Thonburi Kingdom founder Taksin is originally from Chenghai, Guangdong Province. His father Zheng Yong immigrated. to Thailand, married Thai woman Luoyang as a wife, and gave birth to Taksin in 1734. Shortly after his birth, Taksin was adopted by Chao-Phya Cry, the Chancellor of the Exchequer. He was born in a Chinese family and grew up in a Thai family. He was well versed in Chinese and Thai from an early age. This special experience had an important effect on his future career.

1767, the Ayutthaya dynasty was destroyed when the invading Burmese army seized the Thai capital. Taskin led 500 Thai-chinese soldiers to break out of the encirclement. Based on the southeast coast, with the support of the Thai and Chinese people, he built more than 100 ships and marched north to expel the Burmese army, restoring Thailand's sovereignty and independence, build the Thonburi Kingdom.

Taksin served as emperor of Thunburi for 15 years, developing the economy at home and healing the wounds of the war, while fighting against the Burmese and expanding his territory abroad. He attached great importance to the restoration of tributary relations with China. The early Qing government considered him not to be a descendant of the royal family and refused to recognize his regime from the feudal orthodoxy. Later, moved by his sincerity, he finally agreed to let Taksin send him to pay tribute. The 1782 Taksin's tribute ship arrived just as riots broke out in the country and Taksin was killed.

For complex reasons, the study of Taksin was off limits for a long time after Taksin's death. Taksin has been given a lot of lip service and his record has not been fully appreciated. Using Chinese and Thai historical materials, this article clarifies some basic historical facts, and hope readers can have a fair evaluation of Taksin after reading this article.

Keywords: Thai; Thonburi Kingdom; Taksin

"一带一路"背景下的中泰影视合作

——以"唐人街探案"IP 为例

吴泽平①

摘要：近年来以"唐人街探案"IP 为代表，越来越多的国产悬疑类影视作品在泰国取景，中泰影视合作风生水起。笔者认为，理想层面上泰国具有神秘感的宗教文化与本格推理的完美融合，现实层面上中泰关系紧密、泰国多重社会矛盾下天然的戏剧性以及泰国影视拍摄条件良好等因素共同作用，使我国影视导演对泰国青睐有加。以影视拍摄为媒，中泰两国既能携手推进经济的发展，又能带动"一带一路"框架下其他领域的通力合作。

关键词：中泰影视合作；"唐人街探案"IP；一带一路

2016 年底，文化部出台了《文化部"一带一路"文化发展行动计划(2016—2020 年)》，提出加快"丝绸之路文化产业带"建设，将文化旅游、演艺娱乐、工艺美术、创意设计、数字文化确定为推动"一带一路"文化产业繁荣发展的重点领域。②2021 年 5 月，国家文化和旅游部发布了《"十四五"文化产业发展规划》，提出"实施文化产业和旅游产业国际合作三年行动计划，构建务实高效的多层次政府间产业政策协调对话机制……推动形成更多跨区域、跨国界、跨领域的文化产业合作多边机制"③。

在此政策背景下，笔者观察到中泰两国在影视产业方面的合作进展迅速，一方面，"中泰影视文化交流合作"研讨会、"中泰影视高峰论坛"等影视合作会议频繁召开，为中泰影视合作指明方向；另一方面，以"唐人街探案"IP(以下简称"唐探"IP)为代表，不少悬疑推理类影视作品都选择将泰国作为故事的背景地，甚至直接前往泰国拍摄。本文将从理想和现实两个视角出发，探究中泰影视合作迅猛发展的动因。

---

① 作者简介：吴泽平，1999 年 2 月生，女，山东淄博人，中国人民大学国际关系学院国际政治专业硕士研究生。
② 文化部，《文化部"一带一路"文化发展行动计划(2016—2020 年)》，2016 年。
③ 文化和旅游部，《"十四五"文化产业发展规划》，2021 年。

一、泰国：国产悬疑推理类影视作品的新宠

　　泰国是国际影视公司最青睐的外景拍摄地之一，近年来前往泰国取景的中国影片数量呈现井喷式增长，仅 2017 年就有 75 部国产影片前往泰国拍摄，中国也成为继日本、印度、欧洲之后泰国影视产业的又一大客户。从具体作品来看，2007年上映的香港电影《门徒》开启了大制作影片前往泰国拍摄的先河，清迈的安纳塔拉水疗度假村成为该片故事展开的重要景别。2010 年的影片《杜拉拉升职记》则前往芭提雅四方水上市场进行拍摄，较为完整地展现了泰国纵横交错的水路风光，也使芭提雅成为国人出境游的热门目的地。2012 年大爆的影片《泰囧》则直接明确将泰国作为整个故事的背景地，片中大皇宫、四面佛等曼谷地标景点多次出现，成功实现了泰国风情与中式幽默的有机结合。

　　在上述影片的探索基础上，2015 年底《唐人街探案》横空出世，累计票房8.18 亿人民币，斩获第 53 届台湾电影金马奖、第 73 届威尼斯国际电影节的诸项大奖等成绩，获得了票房和口碑的双丰收。

　　《唐人街探案》的故事发生地是泰国曼谷，主角唐仁和秦风穿梭于唐人街、大皇宫、水上市场等泰国著名地标，游走于泰国警察、唐人街城管、华人店主、地方黑帮等多重势力之间，以喜剧的形式展示了泰国曼谷的全貌。《唐人街探案》既展现了以唐仁为代表的背井离乡远赴泰国的"打工族"的不易，也描绘了思诺、阿香等泰国华人生活的冷暖，引发了国内观众的广泛共鸣。可以说，《唐人街探案》打开了我国悬疑推理类影视作品高速发展的机会之窗。

　　2019 年底，悬疑电影《误杀》在院线上映后大获成功，取得了累计超过 13 亿人民币的票房。该片改编翻拍自 2015 年上映的印度电影《误杀瞒天记》，影片将故事背景放在泰国，构造了一个政界与警界相互勾连、走私贩毒频发的边陲小镇。不同于《唐人街探案》展示泰国唐人街景致风貌的主体诉求，《误杀》侧重于更深层次地展示泰国的社会状况，很好地突出了当地社会环境对个体的塑造和压迫，正是片中市长选举的混乱腐败、警局的只手遮天以及民众的沉默忍让、冷漠短视等泰国社会现实导致了"误杀"这一行为的发生。

　　2020 年初，12 集网剧《唐人街探案》在国内视频平台上线，"唐探"IP 开始由大银幕转向线上视频平台，标志着"唐探宇宙"开始了新的尝试。该剧采用了推理剧常用的单元剧的形式，讲述了《曼陀罗之舞》《玫瑰的名字》和《幽灵邀请赛》三个故事，而前两个故事的背景地仍然是泰国。《曼陀罗之舞》以经典的坠楼自杀案为中心，在本格推理中融入泰国特有的梵天神文化，在人性探索之中增添了宗教神秘色彩。《玫瑰的名字》则是从华人侦探林墨的身世入手，剖析了泰国上流社会背后的罪恶和阴谋，主角林墨和 Ivy 之间的碰撞，也是泰

国贫富差距、阶层固化等问题的缩影。剧中的经典场面之一是主角 Ivy 和林墨在曼谷贫民区的天台，站在悬空的木桥两端展开对峙，他们身侧的不远处是曼谷商业区的高楼，而脚下却是破败的贫民屋，曼谷悬殊的贫富差距在人物和场景的双重对比中得以凸显。2021 年贺岁档上映的《唐人街探案 3》虽以日本东京为主要拍摄地，但融合了前两部电影和网剧中的线索与人物，保留了该系列经典的泰式喜剧元素。

综上所述，泰国是近年来国产影视作品的热门拍摄地，更成为以《唐人街探案》为代表的悬疑推理类影视作品的宠儿，中泰影视合作成为"一带一路"倡仪下文化平台搭建和文化品牌塑造的全新亮点。

二、理想与现实：泰国备受悬疑推理类导演关注之原因

"唐探" IP 的爆红引发了不少人对于泰国与悬疑影视作品之间联系的深思。笔者认为，泰国备受悬疑推理类导演青睐有两个层面的原因，一是理想层面，泰国宗教文化背景所带来的神秘感能很好地与本格推理相融合；二是现实层面，中泰之间长期的友好关系、泰国多元社会矛盾与戏剧冲突结合的可能性、拍摄条件良好等因素也吸引了大量中国导演与泰方进行影视合作。

（一）理想层面：泰国宗教文化与本格推理

泰国的文化信仰主要由三部分组成，南传佛教（又称上座部佛教）被确立为泰人信仰的总体性结构，婆罗门信仰和万物有灵信仰是能够满足人们现实需求的信仰，被整合进了南传佛教信仰之中。[①]南传佛教的重要特征就是严持戒律，传承着完整系统的止观禅修次第，强调修习者自身修养的层级式提高，修习者需严格按照戒定慧的路线进行禅修。婆罗门信仰的主要代表则是网剧《唐人街探案》中贯穿第一个故事《曼陀罗之舞》的梵天神，在泰国华人聚居区又名四面佛，原是印度教、婆罗门教三主神之一的梵天（Brahmā），乃创造宇宙之神、梵文字母的创制者，拥有四面脸孔。梵天信仰发源于印度，但现今印度教却较少供奉，反而在东南亚国家影响其巨，尤其是在泰国被视为佛教的护法神，法力无边。四面佛位于曼谷市中心最繁华地段，是泰国标志性的宗教据点，《曼陀罗之舞》中也出现了主角祭拜四面佛的场面。万物有灵信仰则类似于西方 17 世纪出现的泛灵论，认为天下万物皆有灵魂或自然精神，并能够控制或影响其他自然现象。泰国的万物有灵信仰表现为"有限多神论"，出现了族神、月神等类似于我国民间传说中

---

① 龚浩群，《泰国佛教中的他者与文明化：兼谈海外民族志研究中作为方法的他者》，载《青海民族大学学报》（社会科学版），2019 年第 4 期，第 4 页。

形形色色的形象，以及对水等自然事物的崇拜。①

可以看到，泰国传统宗教文化具有两个明显特质。一是内向含蓄。南传佛教关注来世之功德，强调信众自身修行境界的攀升；婆罗门信仰关注现世之功利，关注信众现下姻缘、财运等生活现实。它们的对象均是信众自身，没有强烈的对外扩张性，呈现出含蓄的东方特质。二是富有朴素的神秘主义气息。四面佛来源于印度教，威严的形象和丰富的历史传说赋予了其神秘感，加上万物有灵信仰下不确定的对象，极容易给不了解文化背景的外来者造成一种神秘的幻象。笔者认为，泰国宗教文化中的这两个特质与目前我国悬疑推理作品中擅用的本格推理交相融通，利于打造东方式悬疑。本格推理具有两大特质：一是强调谜团的引领作用，杀人事件背后必有看似不合理的犯罪手法或犯罪动机，需要在主角强大的逻辑推理之下寻找真相，在优秀的影视作品中，这点往往能够与泰国宗教文化中的神秘主义气息自然融合；二是具有封闭特质，密室杀人是本格推理的经典场面，主角往往需要完全浸入压抑密闭的犯罪现场，通过蛛丝马迹与死者展开对话从而破解谜团，因此在进行影视化时，一个含蓄的东方式大背景往往能够很好地渲染气氛。笔者认为，本格推理与泰国宗教文化有机融合的典型代表是"唐探"系列的《曼陀罗之舞》，该单元以四位女主角在独处时遭遇的各种灵异事件为谜团，牵引出了跨越多年的关于梵天神的真相与谎言。在此过程中，主人公侦探林墨通过缜密的逻辑分析和重回案发现场与死者对话，破解谜团，升华主题。这部短剧借助泰国的宗教文化，成功地完成了以神性为背景讲述一个关于人性的故事的任务。

（二）现实层面

1. 中泰两国关系友好，为影视合作提供背景支持

中泰两国是山河相依、民心相通的邻国，在官方和民间都长期保持着友好关系，为两国在影视拍摄方面的紧密合作提供了背景支持。

在官方层面，中泰两国自 1975 年正式建交后一直保持着良好的外交关系，"中泰一家亲"是双方政府对两国关系的生动描述，周恩来总理、诗琳通公主、泰国前总理英拉等政界名人也积极地推动了中泰关系的发展。②2013 年习近平总书记提出建立"21 世纪海上丝绸之路"和建设"中国—东盟命运共同体"的倡仪，得到了泰国政府的高度赞同和密切配合。翟崑、王丽娜在 2017 年对"一带一路"沿线 64 个国家与中国的民心相通情况进行了具体深入的评估，其中泰国得分位

---

① 林秀梅，《中国岭南、泰国的水崇拜之比较》，载《东南亚纵横》，2006 年第 7 期，第 45 页。
② 周方冶，《中泰关系-东盟合作中的战略支点作用——基于 21 世纪海上丝绸之路的分析视角》，载《南洋问题研究》，2014 年第 3 期，第 20 页。

列第二位，属于民心相通"顺畅型"国家。①

在民间层面，泰国华侨华人数量众多且遍布社会各界，不少工商界人士与中国保持着密切的联系，从而拉近了中泰两国人民之间的距离。泰国有大量的华人宗亲组织、华人同乡会和华人商会或工会，一方面保障了在泰华人在教育、医疗等方面的权益，另一方面也促进了华人文化与泰国社会的融合。②以泰华社团中公认的最高领导机构泰国中华总商会为例，该商会虽为主要关注商界联系的业缘性社团，但在中泰关系发展史上一直扮演着重要的角色。抗日战争时期，其会长蚁光炎在泰国华人群体中积极动员宣传，向祖国捐款捐物，成为中国军队重要的后方保障；1975 年中泰正式建交前，该商会一直在两国政府之间扮演着"准外交官"的角色，为中泰高层政策的沟通提供了便利；③近年，商会新任主席林楚钦宣布，准备加大对中国企业的招商引资力度，引导更多中资进入泰国，同时成立青年企业家组织，推动泰中青年企业家对接合作，并承诺将亲率泰国企业赴中考察，④表明了其推动中泰经贸更上一层楼的决心。

综上所述，中泰之间良好的官方关系和密切的经贸、人文交流既从大方向上保证了中泰影视合作的顺利进行，又使中国观众对于以泰国为背景的影视作品有着较高的接受度和较强的沉浸感，有效保障了该类影视作品的观众基础。

2. 泰国社会矛盾尖锐，利于戏剧冲突展开

信奉佛教文化的泰国社会总体上较为开明包容，但长期以来也存在着纷繁复杂的社会矛盾。在影视制作方面，若能巧妙地将泰国固有的社会矛盾与故事本身的戏剧冲突相融合，必然能够提升作品对于受众的吸引力。

泰国的社会矛盾总体上可以分为三类。首先是阶层矛盾，泰国历史传统中存在着从王室到贫民的严格等级划分，形成了层层剥削的庇护关系，进入现代社会的泰国长期陷入亨廷顿所言的威权主义军政府与民主政府的交替轮回，而政局的动荡更加剧了泰国的阶层矛盾。泰国人口中的 70% 属于农民和城市平民阶层，边远地区还有不少赤贫人口；而以中产阶级、知识阶层以及地方世袭领主为代表的中上阶层仅占人口的 30%，却控制了泰国绝大多数的财富和权力。在这种情况下，以中产阶层和中下阶层为代表的泰国民众经常在领导人选举时通过竞选集会、接触官方政府和游行示威等非制度性政治参与方式表达自身诉求，⑤街头政治、暴

---

① 翟崑、王丽娜，《一带一路背景下的中国—东盟民心相通现状实证研究》，载《云南师范大学学报》（哲学社会科学版），2016 年第 6 期，第 55 页。
② 玉妮，《浅谈华人文化对泰国社会的影响》，载《东南亚纵横》，2019 年第 2 期，第 91 页。
③ 李慧芬，《试析泰国中华总商会的演变》，载《八桂侨刊》，2014 年第 3 期，第 72-75 页。
④ 《泰国中华总商会新任主席林楚钦：加大向中国各省市招商，引导更多中企投资泰国》，搜狐网，https://www.sohu.com/a/375897148_474772，检索日期：2021 年 7 月 1 日。
⑤ 阿鹏涛、沈圆圆，《新世纪以来泰国公民政治参与的阶层分析》，载《南亚东南亚研究》，2019 年第 6 期，第 129-130 页。

力事件频繁上演。这一方面加大了政府维持社会秩序的难度,另一方面军警与抗议者的冲突再度加剧了中下阶层对于政府的不满和愤恨,继而导致更深的阶层分裂。其次是地区矛盾,虽然泰国近年来经济发展迅速,但其国内各个区域发展水平悬殊,以传统的五大地区划分为例,曼谷地区发展最快,汇集了泰国的大部分财富,中部地区次之,而东北部地区、北部地区以及南部地区的大部分发展水平则较为低下。①正如《唐人街探案》和《误杀》两部影片反映的那样,曼谷地区精英荟萃,是泰国光鲜亮丽的名片;边远地区贫困多发,是泰国社会发展的顽疾。最后是华泰矛盾,早在 13 世纪就有部分中国商人、手艺人以及政治避难者移居泰国(时称暹罗)②,目前以潮汕人、客家人为主体的在泰华人已经超过千万。一代代华人凭借自身的勤劳和智慧在泰国站稳脚跟,在金融业、商业、纺织业等关键行业具有强大实力,形成了跨国企业集团。虽然从表面上看华人群体得到了泰国王室一定程度的尊重,但长久以来经济和社会地位的差异也导致了水面之下华泰关系的暗流涌动。

　　笔者认为电影《误杀》在将社会矛盾与戏剧冲突结合方面的努力实属可圈可点。电影的主角李维杰一家是典型的华人移民,以开设网络维修公司为生,属于泰国的中下阶层。从人际关系来看,李维杰为人忠厚,但他的社交圈子主要还是居住地的华人群体,泰国小警察桑坤则对他颐指气使、心怀不满;从生活环境来看,李维杰生活在泰国的边陲小镇,经济落后,影片中随处可见泥泞的土路和火车激起的扬尘;从社会环境来看,政治腐败,市长都彭和妻子督察长拉韫只手遮天,彼此借力巩固各自在政界和警界的地位,因此李维杰在得知自己大女儿被二人之子素察强奸后不敢报警,走上了独自复仇的道路。整部影片在故事的推进过程中时刻展现着泰国尖锐的阶层矛盾,而结尾对于李维杰的审判更是再次将展现复杂人性的“误杀”事件与泰国市长选举的政治主题相交,实现了全片主题的升华。

　　3. 拍摄条件出众,便利影视作品产出

　　泰国与海外影视拍摄的缘分始于 1923 年的好莱坞电影《暹罗苏万娜小姐》,经过一个世纪的探索,目前泰国已经成为好莱坞电影、日韩电影巨头重要的海外拍摄地,并且对中国电影的吸引力日趋增强。泰国吸引海外剧组前往拍摄的优势条件主要表现在两个方面。一是内容生产方面,泰国既有大量的未经工业污染的自然风光,也有以曼谷唐人街为代表的特色都市景致,能够满足不同类型影片的拍摄需求;泰国本国的电影工业较为成熟,泰国是国际电影协调制作组织(AFCI)

① 肖立国、陈斌,《论泰国政局动荡的原因及其启示》,载《世界经济与政治论坛》,2010 年第 5 期,第 129-130 页。
② [美]孔飞力,《他者中的华人:中国近现代移民史》,李明欢译,江苏人民出版社,2016 年,第 74 页。

的 30 个成员国之一①，20 世纪末的"新浪潮"运动之后，泰国电影工业已经走上了以"在地化"和"差异化"为特征的类型电影的多元化生产道路②，在青春片、史诗片、悬疑片等类型上都有所建树。因此，泰国影视团队既能为海外拍摄提供专业器材租赁、演职人员参拍等服务，又能提供剧本情节等方面的内容支持。二是拍摄成本方面，泰国交通便利且物价较低，相对欧美本就高昂的地租物价和我国不断上涨的拍摄成本而言，具有强大的吸引力；同时泰国政府也出台了较为完善的影视拍摄配套政策，2001 年泰国政府成立了国外影视境内拍摄促进委员会，为海外影视拍摄制定了较为详细的发展规划与法律法规，并有意识地通过在泰拍摄的国外影视作品宣传本国旅游业。2005 年，泰国国家旅游体育部旅游局下设了专门的电影业务处，成为泰国的海外影视拍摄业务主管部门，并不断放宽拍摄许可，且在工作人员赴泰签证上给予便利，力争提供"一站式服务"，从而大大降低了境外拍摄团队赴泰拍摄的成本。

三、中泰影视合作与"一带一路"建设

笔者认为，中泰影视合作能够从以下三个方面服务于"一带一路"建设和中泰关系发展大局。

首先，中泰影视合作能够打造知名文化品牌，推动"一带一路"文化合作平台的搭建。以"唐探"IP 为例，在优异的市场表现和良好的业界口碑的驱动下，它已经成为炙手可热的国产影视 IP，且由于其拍摄地和故事背景地多次选择了泰国，更易于产生辐射性品牌效应，吸引泰国影视企业的投资，在中泰两国政府的支持下有转变成为"一带一路"沿线重要文化合作平台的可能性。

其次，中泰影视合作能够激活多种产业要素，激发从文化产业到贸易投资、基础设施建设等行业合作的联动效应，助力后疫情时代的经济复苏。影视制作属于第三产业中上游产业，需要基建、金融、制造业等多个行业的支持，因此中泰影视合作的蓬勃发展有利于带动中泰双方多方面、多层次的交流与合作，对后疫情时代中泰两国经济的复苏做出贡献。

最后，中泰影视合作能够激发两国人民主动了解对方文化、开展民间交往的积极性，真正实现民心相通。优秀的影视作品往往兼具娱乐属性和教育属性，既能够激发观众自发观看与传播的积极性，又能在潜移默化之中塑造观众对于影片中事物的认知。中泰合作产出的影视作品中大都带有对两国风土人情的细致刻画，能够构建对方观众对本国环境的大致印象，佐以引人入胜的故事情节，更能激发两国观众深入了解对方文化、开展丰富多样的民间人文交流的积极性，有利

① 宋帆，《泰国吸引海外影视拍摄的情况综述》，载《西部广播电视》，2015 年第 21 期，第 118-119 页。
② 崔颖，《亚洲电影框架下的多元探索：21 世纪泰国电影的类型生产》，载《电影艺术》，2020 年第 2 期，第 112 页。

于为中泰官方交往奠定稳定良好的基础，真正实现民心相通。

四、结语

理想与现实层面的双重诱惑使得以"唐探"IP为代表的一系列国产影视作品选择了泰国作为故事背景地，对泰国而言，这是划算的旅游推广和国家形象宣传；对国产影视来说，合理发掘泰国的文化元素和影视资源，能够促进作品质量的提升，继而带来口碑和金钱的双丰收；对中泰关系而言，这是加深两国经贸人文交流、共建"一带一路"的良好契机。如何以中泰影视拍摄合作为支点，撬动"一带一路"框架下中泰之间更深层次的经贸和人文交流，是值得两国政界和学界深思的命题。

参 考 文 献

孔飞力，2016. 他者中的华人：中国近现代移民史[M]. 李明欢，译. 南京：江苏人民出版社.

阿鹏涛，沈圆圆，2019. 新世纪以来泰国公民政治参与的阶层分析[J]. 南亚东南亚研究（6）：125-137，157-158.

崔颖，2020. 亚洲电影框架下的多元探索：21世纪泰国电影的类型生产[J]. 电影艺术（2）：112-119.

龚浩群，2019. 泰国佛教中的他者与文明化：兼谈海外民族志研究中作为方法的他者[J]. 青海民族大学学报(社会科学版)，45（4）：1-10.

李慧芬，2014. 试析泰国中华总商会的演变[J]. 八桂侨刊（3）：70-75.

林秀梅，2006. 中国岭南、泰国的水崇拜之比较[J]. 东南亚纵横（7）：44-48.

宋帆，2015. 泰国吸引海外影视拍摄的情况综述[J]. 西部广播电视（21）：118-119.

肖立国，陈斌，2010. 论泰国政局动荡的原因及其启示[J]. 世界经济与政治论坛（5）：125-137.

玉妮，2019. 浅谈华人文化对泰国社会的影响[J]. 东南亚纵横（2）：90-96.

翟崑，王丽娜，2016. 一带一路背景下的中国—东盟民心相通现状实证研究[J]. 云南师范大学学报(哲学社会科学版)，48（6）：51-62.

周方冶，2014. 中泰关系-东盟合作中的战略支点作用——基于21世纪海上丝绸之路的分析视角[J]. 南洋问题研究（3）：17-22，40.

Sino-Thai Film and Television Cooperation under the Background of "the Belt and Road Initiative": A Case Study of "Detective Chinatown" IP

WU Zeping

Abstract: In recent years, represented by "Detective Chinatown" IP, more and more domestic suspense films and television works choose Thailand as the background of the story or even directly go to Thailand to shoot, Sino-Thai film and television cooperation is thriving. In my opinion, the perfect integration of Thai mystical religious culture and the lattice reasoning, the close relationship between China and Thailand, the natural drama under the multiple social contradictions of Thailand and the good shooting conditions of Thai films and TV programs have all contributed to the mutual effects of Chinese directors' preferences to Thailand. With film and television shooting as a mediator, China and Thailand can not only jointly promote the domestic economic development, but also promote the cooperation in other fields under the background of "the Belt and Road Initiative".

Keywords: Sino-Thai Film and Television Cooperation; "Detective Chinatown" IP; The Belt and Road Initiative

研究综述

日本学界泰国研究的学术焦点与内容评述

—— 以 KAKEN 为数据源①

刘岩　李娉②

摘要： 20 世纪 60 年代以来，日本学者对泰国展开了多领域研究，研究成果颇丰。本文总结了 20 世纪 60 年代以来日本学界有关泰国研究课题的整体态势，收集整理并分析了 KAKEN 数据库收录的泰国研究课题，一方面呈现了立项时间、研究机构与学术群体、研究领域、研究经费等多方面的整体情况，另一方面对日本学界泰国研究成果进行译介与述评，内容涉及医学、农学、社会学、文学、文化人类学等多方面。本文梳理日本学界泰国研究的学术史料，以期用日本学者的研究方法及研究成果推动国内学术研究，特别是推进泰国研究的进一步深化与发展。

关键词： 日本学界；泰国研究；学术焦点；日本科学研究费助成金

泰国与日本的交往始于泰国阿育陀耶时期，距今已经六百多年。17 世纪，日本闭关锁国之后与泰国的外交关系中断近二百年，直至 1887 年，为了抗衡英、法，日本和泰国才重新建立外交关系。③泰日结盟后泰国政府在政治、经济、军事、外交等领域与日本进行合作，成为日本进攻和统治亚太地区的工具。同时，泰国得到了领土补偿，但自身也成为日本奴役和剥削的对象。泰国允许日军借道并随后与其签订同盟条约，虽然成为日军侵略的工具，但避免了战祸。④第二次世界人战结束后，日本经济起飞，试图通过战争赔偿与经济援助恢复与其他亚洲国家之间的关系。两国间的历史渊源使日本选择泰国作为恢复与其他亚洲国家间关系的突破口，因此 20 世纪 60 年代以来，泰国一直是日本的重要援助对象，⑤两国交往频繁。日本学界第一项泰国研究的立项课题也在 20 世纪 60 年代开始启动，自此相关课题不断立项，延续至今，研究领域广泛，研究内容深入，田野调查扎

---

① 本文为国家社科基金项目"白鸟芳郎《华南文化史研究》的汉译与研究"(项目编号：20XSS001)阶段性成果。

② 作者简介：刘岩，1985 年 8 月，男，吉林松原人，博士，贵州大学外国语学院讲师，研究方向为近代中日交流史；李娉，1998 年 1 月，女，湖南衡阳人，贵州大学外国语学院研究生，研究方向为典籍翻译与传播。

③ 林志亮，陈碧兰，《日本在泰国软实力构建的关键性因素分析》，载《东南亚研究》，2013 年第 4 期，第 43 页。

④ 张声海，《太平洋战争前后的泰日关系》，载《东南亚研究》，2001 年第 2 期，第 45 页。

⑤ 赵姝岚，孔建勋，《从日本对泰国的援助评日本的官方发展援助》，载《东南亚南亚研究》，2011 年第 1 期，第 55 页。

实，文献资料丰富。

国内有许多学者整理过日本学者对某一地区的各学科研究文献，但是以中国知网为数据库、以"泰国日本"和"日泰"作为关键字进行检索，仅有一篇相关文献，是由中国学者翻译的日本学者北原淳 1978 年发表的《七十年代日本对泰国问题的研究》。文中以 20 世纪 70 年代日本学者发表的与泰国研究相关的论文和书籍为基础，从经济、社会结构文化、政治历史和华人社会四个方面对研究成果进行归纳，总结出日本学界泰国研究呈现经济开发相关研究增多、发达国家的公害问题促进了对泰国的生态学研究、传统价值体系及宗教研究取得进展、日泰关系研究增加和社会结构研究取得深入进展等特点。

鉴于目前尚无中国学者系统整理过日本的泰国研究课题的相关文献资料，本文以 KAKEN 数据库为分析对象，从文献计量和翻译述评两方面，系统整理日本学界泰国研究立项课题，一方面在课题立项的时间和数量变化、研究机构的分布、学术群体的构成、课题领域研究种类与科研经费等方面展示其整体情况，另一方面以研究领域为区分标准，对整体课题的研究热点内容进行述评。通过系统地整理日本学者泰国研究的相关学术成果，为我国的泰国研究提供海外学者的研究方法及资料，以期推动泰国研究的发展。

一、日本学界泰国相关立项课题的研究格局

（一）数据来源与筛选

本文数据来源于日本科学研究费助成事业数据库 KAKEN。"KAKEN 科学研究费补助金数据库"是由日本国立情报学研究所和国会图书馆在文部科学省、日本学术振兴会的协助下于 1972 年建立的。[1]选用此数据库为研究基础是因为该数据库不仅收录了与课题相关的结题报告，还详细收录了研究成员及其所在机构、研究过程中参加会议的记录、学术论文以及调查记录等与课题研究相关的信息。笔者以"タイ国"（泰国）为关键词进行检索，经过对课题内容的考证和对重复内容的剔除，最终获得有效泰国研究相关课题 183 项。

（二）立项课题时间

如图 1 所示，日本学界从 1967 年开始展开对泰国的研究。从 1967 年到 2021年，日本学界关于泰国研究的课题在立项数目上呈现出波动起伏大但是连续性强的趋势。1982 年至 2000 年是课题立项数量最多的时间段，1982 年以前和 2000年以后，每年的课题立项数量都在 5 项或 5 项以下。从立项的时间上来看，日

---

① 吉伟伟，《日本华侨课题立项研究》，载《华侨华人历史研究》，2017 年第 1 期，第 85 页。

本学界最早涉及泰国研究的立项课题是 1967 年大阪外国语母语大学矢野畅的"泰国政治近代化的研究"。从立项课题的数量波动来看，1984 年的 10 项与 1995 年的 10 项是两个最高峰，反映出日本学界泰国研究立项课题数量整体呈现出波动起伏的趋势。从项目课题立项时间的连续性上看，除 1969 年、1976 年和 2017 年，其余年份均有泰国研究相关课题立项，虽然大部分年份的课题数量低于 5 项，但是几乎每年都有课题立项，反映出了日本学界的泰国研究呈现稳定、持续的趋势。

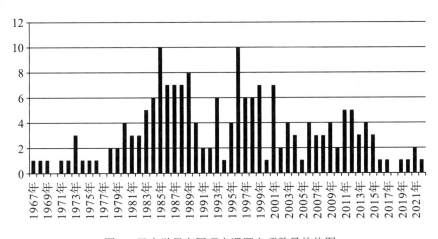

图 1　日本学界泰国研究课题立项数量趋势图

（三）　研究机构

通过考察主持课题的研究机构，可以把握日本学界泰国研究机构的核心分布与聚集态势。从课题的依托单位来看，1967 年至 2021 年的半个多世纪以来，日本学界泰国研究的立项课题共涉及 67 所机构。分析检索数据可知，包括日本大学、北海道大学在内的 31 所机构泰国研究的立项课题普遍为 1 项，因篇幅所限，图 2 仅列举了有两项及两项以上泰国研究立项课题的机构单位，共有 34 家。

将各机构单位划分为三个级别，立项课题数量在 5 项以上的为一级，共计 11 所机构，其中既包括京都大学、长崎大学、东京大学等国立大学，也有东京农业大学等私立大学，还有国立癌症研究中心等专职研究所，这 11 所机构的立项课题数量累计高达 93.5 项（合作研究计 0.5 项），占课题总数量的 51.09%；立项课题数量在 2 至 4 项的列为二级，共计 24 所机构，立项课题数量共计 59 项，占课题总数量的 32.24%，研究机构同样包括国立大学、私立大学和专职研究所；

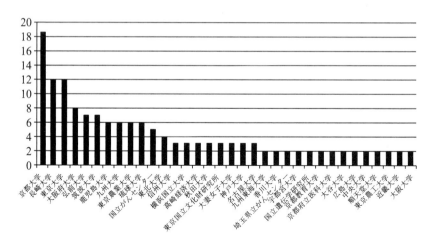

图2　日本学界泰国研究课题负责人所在单位统计

图表中未涉及的课题数量为 1 项的机构列为三级，共有 31 家机构，立项课题数量共计 30.5 项，相关立项课题占课题总数量的 16.67%，机构构成与一级、二级相同。

通过分析课题负责人所在的机构区域分布，可以把握日本学术界泰国研究的空间分布与聚集效应。从机构的所在行政区划来看，机构数量排在前六名的分别是有 17 所机构的东京都、有 7 所机构的京都府、有 4 所机构的大阪府和埼玉县、有 3 所机构的滋贺县和福冈县。从地区分布的机构数量来看，东京都可以说是日本学界泰国研究的核心。

从区域分布上来看，日本学界泰国研究形成了四大核心区域：以东京都、埼玉县、群马县、神奈川县为首的关东地区，该地区集合了日本大量国立、私立大学以及相关的研究所，为日本泰国研究的第一大核心区域，研究课题数量占比为 43.28%；拥有京都大学、大阪府立大学、大阪大学等知名高校的关西地区，是日本学界泰国研究的第二大核心区域，研究课题数量占比为 25.37%；与以上两大区域相比，福冈县、长崎县和熊本县所在的九州地区是日本学界泰国研究的第三大核心区域，研究课题数量占比为 10.45%；长野县、爱知县、静冈县和新泻县等县区所在的中部地区涉及泰国研究的机构较少，研究课题数量占比为 7.46%。与上述地区相比，四国地区、中国地区、东北地区、北海道地区和冲绳地区涉及泰国研究的机构相对较少。

（四）研究学术群体

1. 项目负责人统计

通过对项目主要负责人进行统计分析，可以识别出日本学界泰国研究中的核心研究学者。据笔者统计，1967 年至 2021 年 54 年间立项的 183 个泰国研究立项课题中涉及的主要负责人有 114 名。其中，获批一项课题的有 77 人，获批课题数占课题总数的 67.54%；获批两项课题的有 20 人，获批课题数占课题总数的17.55%；获批 3 项及以上课题的人数为 17 人，其中 10 人获批 3 项课题，2 人获批 4 项课题，3 人获批 5 项课题，2 人获批 7 项课题，获批课题数占课题总数的14.91%，反映出日本学界已经形成了较为稳定的泰国研究学术群体。主持多项国家级课题的学者，表现出在该学科领域有较强的科研能力和学术影响力。

以主持课题数量排名靠前的弘前大学医学教授山口富雄为例，他在 1978 到1984 年间主持相关课题数量高达 7 项，研究内容主要与泰国北部的寄生虫疫学相关。同样主持相关课题数量高达 7 项的还有来自长崎大学热带医学研究所的五十岚章教授，他在 1982 年至 1993 年的十余年间主要围绕泰国北部的脑炎疫学展开相关研究。此外，主持课题数量排名较为靠前的还有藤木博太、西平守孝、永田好克、西浦忠辉、野泽恰治等学者。

2. 项目参与人统计

项目参与人在课题的研究过程中也同样发挥着重要的作用。通过对参与学者群体的统计分析，能够更加完整地呈现日本学界泰国研究学者的整体情况。据笔者统计，1967 年至 2021 年间，共有 402 位学者以项目参与人的身份直接参与了泰国研究。其中，参与 1 项课题研究的学者有 330 人，占课题参与总人数的82.09%；参与 2 项课题研究的学者有 52 人，占课题参与总人数的 12.94%；参与 3 项课题研究的学者有 15 人，占课题参与总人数的 3.73%；参与 4 项课题研究的学者为 5 人，占课题参与总人数的 1.24%。作为 7 项项目主持人的山口富雄和五十岚章也作为项目参与人分别参与过一次课题。此外，有 5 名独立完成单项课题的特别研究员。

从项目参与人的身份上来看，参与日本学界泰国相关课题研究的学者主要以高校的教授和研究所的研究员为主。在标明身份的泰国研究参与者中，大学教师共有 327 名，占课题参与人学者总数的 81.34%，其中以大学教授、副教授、助教和讲师为主，大学特聘研究员 9 人；研究所的研究员共计 57 位，其中以一般研究员、特别研究员和研究所所长为主；其他 9 名参与人员包括在读博士等。在这402 人中还有 118 位是来自国外大学或机构的教师和研究员，占总人数的 29.35%。其中 24 人来自清迈大学，21 人来自摩诃朱拉隆功大学，18 人来自泰国农业大学，

15 人来自梅州大学，其余 40 人则来自其他国外大学或机构。

（五）研究领域

笔者根据搜集整理的日本学界泰国研究课题的学科类别，统计分析日本学界泰国研究课题领域分布(如表 1 所示)。在搜集到的 183 项课题中，明确标记了学科类别的课题有 86 项，其中 84 项多学科交叉课题。对学科分类统计后，有 25 类学科共计出现 148 频次。日本学界的泰国研究课题主要集中在农学和生物学领域，各有 19 项课题，占总频次的 12.84%，排在之后的是医学领域，共有 17 项，占总频次的 11.49%。学科领域数量排名靠前的还有综合领域、文学、社会科学、教育学、文化人类学、工学和法学等。日本学界还从政治学、语言学、东洋史、人文地理学、林学等多领域开展了对泰国的研究。整体来看，在 1967 年至 2021 年间，日本学界对泰国的研究呈现出研究重点较为集中、研究领域广泛的特点。

表 1   研究课题学科类别分类统计

学科类别	课题数量	占比	学科类别	课题数量	占比
综合领域	15	10.14%	农学	19	12.84%
文学	13	8.78%	生物学	19	12.84%
社会科学	10	6.76%	医学	17	11.49%
教育学	9	6.08%	工学	7	4.93%
文化人类学	9	6.08%	植物学	3	2.02%
法学	5	3.38%	建筑学	3	2.02%
信息学	3	2.02%	林学	2	1.35%
政治学	3	2.02%	地域研究	2	1.35%
哲学	3	2.02%	体育学	1	0.68%
历史	2	1.35%	设计学	1	0.68%
文化遗产学	1	0.68%	化学	1	0.68%
经济学	2	0.68%	人文地理学	1	0.68%

（六）研究种类与科研费用

从 1967 年到 2021 年，日本在有关泰国研究的课题经费上累计投入 13 亿 4879 万日元(如表 2 所示)。从比例上来看，基础研究(包括 A、B、C 三个类别)所占的比重最大，研究经费共 60 423 万日元，占研究经费总额的 44.79%；第二是海外学术调查，研究经费 29 590 万，占总额的 21.94%；第三是国际学术研究，研究经费 27060 万，占总额的 20.06%。

表2 研究种类及课题经费统计

研究种类	课题数量	数量占比	课题经费(万日元)	经费占比
基础研究(B)	27	14.76%	34888	25.86%
海外学术调查	47	25.68%	29590	21.94%
国际学术研究	30	16.39%	27060	20.06%
基础研究(A)	7	3.83%	19885	14.74%
海外学术研究	13	7.10%	6200	4.59%
基础研究(C)	17	9.29%	5650	4.19%
国际共同研究加速基金	2	1.09%	3705	2.75%
青年研究	8	4.37%	2612	1.94%
特定领域研究(A)	1	0.55%	1010	0.75%
特别研究员奖励	5	2.73%	740	0.55%
特定领域研究(C)	2	1.09%	640	0.47%
奖励研究(A)	8	4.37%	578	0.43%
综合研究(A)	1	0.55%	510	0.38%
一般研究(C)	3	1.64%	410	0.30%
重点领域研究	2	1.09%	390	0.29%
挑战的萌芽研究	1	0.55%	325	0.24%
研究活动启动支援	1	0.55%	299	0.22%
综合研究(B)	2	1.09%	210	0.16%
一般研究(D)	2	1.09%	66	0.05%
奖励研究	1	0.55%	66	0.05%
奖励研究(B)	2	1.09%	35	0.03%
个别研究	1	0.55%	10	0.01%

二、日本学者泰国研究立项课题及成果内容述评

为了把握日本关于泰国研究内容的整体样貌,笔者从人文领域与自然领域两个方面进行分析与归纳,同时列举相关课题的名称并介绍其研究成果。笔者以研究课题的学科归属作为主要的参考标准,结合以上的明确标有学科类别的课题领域,对有明确类别标识的86项课题进行分类,其中人文领域41项,自然科学领域45项。

(一)日本学界人文领域的泰国研究

人文领域的课题体现出多学科交叉的特征,主要集中在文学、社会科学、文化人类学、教育学、法学等领域。

1. 人类学、文学和社会学交叉的课题研究

"华侨社会中佛教礼仪的比较研究——以长崎及泰国地方城市的事例为中心"和"泰国基督教运动研究"分别对泰国的佛教礼仪和基督教运动进行了研究，"泰国农村社会变动之下家族规范的变化过程研究"和"从外出务工现象看关系网络——日本和泰国的比较研究"课题主要探讨了在泰国经济快速发展的情况下社会的变化对传统社会结构与人际关系的影响，"日本、泰国、马来西亚、以色列四国社区比较研究"以各社区的自然和社会生态的固有逻辑作为对象进行比较。在这一类别的课题研究中，"泰国东北部佬族的家族亲属关系历史研究"的研究方法有较大的参考价值。研究过程中，项目负责人武邑尚彦自 1981 年开始多次在泰国乡村收集访谈资料，而后将资料分为三类：第一类是村民对家庭和亲属关系的理解；第二类是个人和亲属生活史；第三类以个人为基础，收集与之相互关联的信息，如从村庄的现有居民个人算起的 2 至 3 代前的谱系关系，记录其出生、婚姻、死亡、移居、定居，田地、宅地的获取、继承、买卖，亲属之间的共同生活等信息。然后使用计算机排列第二类资料中相互关联的个人信息，并对其进行系统管理。根据编辑好的个人信息，用统计方法再次验证第一类资料。同时还绘制了亲属关系谱系图，整理个人及其后代对农地、宅地的占有、继承和买卖情况，并将主要人物的亲属生活史记录整理。

2. 教育学

在教育学领域，"泰国教师教育——教育资格制度改革研究"和"泰国的教育资格制度以及 5 年课程教师培养制度的实施过程研究"分析了泰国的教师教育改革现状；"泰国义务教育的发展对科学教育改善的影响研究"研究了在应对经济危机，从工业化国家转变为现代农业化国家的背景下，泰国教育的变化，如加强理科教育、扩大义务教育规模等；"泰国与日本的环境教育现状及推动发展的共同研究"开发了泰国环境科学教材，研究了促进环境教育的方法论，探讨了环境教育对教师的重要性，同时举办了三期教师环境教育短期培训班，为教师制定了环境教育指导方针。

3. 法学与政治学

涉及法学和政治学的课题有"泰国地方分权化基础研究"和"亚洲经济危机下合同重新谈判过程的法律社会学研究——以日泰国际贸易调整为中心"。前者从政治学角度解释了为什么泰国在 20 世纪 90 年代以后能够迅速实行地方分权，后者探讨了法律制度与非正式纠纷解决模式之间的复杂关系，分析了泰国货币危机时期日本公司的合同行为，通过问卷调查和访谈，发现对于大多数日泰公司来说，

避免进法院解决纠纷更有利于维护人际关系和长期利益。法学与社会学结合的"以泰国孟族为例的少数民族纠纷处理制度研究"调查了孟族人的传统纠纷处理制度的实际情况。通过实地考察和问卷调查，发现孟族人仍然以传统方法解决纠纷，研究结果表明，像孟族这样的少数民族，可以将传统方法与国内法律相结合，使解决纠纷的方法更具可行性。

4. 哲学、人文学与佛教学交叉的研究课题

结合了哲学、人文学和佛教学领域的课题"泰国中部皇家寺庙所藏东南亚佛教故事手稿研究"，项目负责人清水洋平收集了大约 1700 份手稿，并将许多东南亚编纂的佛教故事文本制作成数字图像材料，总结了泰国中部地区皇室寺庙所拥有的文献的特征。"以泰国为中心的东南亚佛教故事手稿研究"在前项研究成果的基础上，建立了原始材料的位置目录和数据库，该成果是研究东南亚佛教叙事的重要参考资料。

5. 地域研究

人文领域中单项经费最高的是早稻田大学村岛英治教授的课题"基于汉语、泰语资料发掘 20 世纪泰国华侨华人社会样态"，经费高达 2613 万日元。东京外国语大学宫田敏之、大东文化大学远藤元、神户大学伊藤友美和日本贸易振兴机构研究员安部鹤代等学者参与了此项研究。为了探寻 20 世纪泰国华人华侨社会的政治、经济和社会文化的状况，学者们收集了泰国国家档案馆收藏的华人华侨原始文献资料，以及泰国国家图书馆保存的在泰国发行的中文报纸和图片资料，并对曼谷和地方城市的华人华侨进行了采访与观察。课题最终探明了泰国华侨民族主义的起源和运动的发展、华人华侨早期的共产主义运动发展状况、华人华侨社会信仰的实际情况，以及这些流通资本在地方城市的状态和华人华侨社会的组织。研究团队发表了《中国民族主义在泰国华侨社会的起源》《曼谷九皇斋与泰国华人的信仰（前篇）》《1930—1936 年的早期泰国共产主义运动》《现代泰国上座部佛教中女性沙弥尼出家与比丘尼受戒》等共计 26 篇论文，在政法大学、京都大学稻盛财团纪念馆等地参与了 10 余次学术会议，出版了《新兴国家的市场流通革命——泰国的马赛克式消费市场和多样化的市场流通》《1991—2006 年泰国政治行政变革》《泰国中央与地方关系、地方自治体分析》等 19 本图书。

（二）日本学界自然科学领域的泰国研究

与人文领域的课题相比，日本学界的泰国研究在自然科学领域方面更为集中，主要聚焦在医学领域和农学领域，工学和建筑学领域也颇有建树。在医学领域，日本学界对泰国的主要研究课题是癌症和传染病防治。

1. 疾病医学

泰国清迈地区肺癌患病率较高，尤其是女性肺癌患病率增长快速。1995—1997 年的"泰国北部多发女性肺癌的宿主要因和环境要因的研究"，以及 1998—2000 年的"泰国北部女性肺癌致癌因素的鉴定及其生物化学研究"，都是由中地敬为首的日本研究员与泰国清迈大学的教授共同合作研究。这两个课题通过对不同患者进行比较研究，根据病理学研究和分子生物学研究的结果，查明女性肺癌多发的原因，找出了预防对策。此外，"泰国传统药物的实地调查及药效科学验证"和"泰国国产植物抗癌剂抗药性克服剂研究样品收集与药效科学验证"对泰国传统抗癌药物进行研究，结果表明其具有抗癌作用，是寻找新的抗癌药物的有效来源。

1997—1999 年的课题"泰国并发 AIDS 的呼吸道感染症的治疗方法和预防对策研究"是长崎大学永武毅与 3 名研究员、清迈大学 4 名研究员共同寻找泰国北部地区急性呼吸道感染的治疗方法的研究。1997 年起，研究团队以与 AIDS 并发的肺炎为中心，进行了致炎病原体和治疗方法的现状调查以及治疗效果判定。2000—2002 年的同名课题由长崎大学永武毅与 6 名研究员继续对 HIV 感染者并发肺炎病例进行检查，明确致病病原体，确定适合的抗菌化疗，改善 AIDS 患者的预后。课题"泰国城市肺炎与流感关系的临床研究"对患城市肺炎的 119 例患者进行研究，研究认为这些类型的流感病毒与城市肺炎的初期感染有关，但没有检测出 H5N1 等禽流感病毒。"使用高通量基因分析系统对泰国病原体的全面探索"由京都府立医科大学与大阪大学和泰国公共卫生部合作，查明泰国 36 例由未知病原体引起的临床感染性病例的病原体，使用 NGS 技术破译 DNA 序列，对36 个样本进行分析，在 23 个样本中检测到了各种人类病原体病毒基因组。课题"老挝—泰国国境的陆路交通路线连通背景下结核病患病风险的增大及控制"的研究结果认为，随着交通量的增加，结核病和其他传染病传播的概率也会增加，但是泰国还没有对应的控制感染的环境条件。课题"泰国清莱县地区居民中新兴复兴感染症的分子遗传流行病学调查研究"利用当地居民数据库，进行了以传染病为中心的序列研究。"泰国以多药耐药性不动杆菌为主的院内感染控制支援"通过 LAMP 方法找到阳性患者，快速检测并提前干预，减少院内感染。课题"泰国边境地区患者的青蒿素抗药性与热带热疟原虫的株化和抗药性基因的鉴定"发现泰缅寄生虫与柬埔寨耐药寄生虫不同，耐青蒿素原虫的青蒿素耐药性与细胞内氧化还原条件的改变有关。

人类综合科学大学的丸井英二教授主持的课题"以泰国清莱县居民为对象的预防慢性疾病的干预对照研究"单项经费 3796 万日元，是医学领域单项经费最高的课题，也是 183 项课题中单项经费额度排名第二的课题。研究成果有《在泰北地区通过高级健康教育干预减少盐摄入量以预防高危患者心血管疾病的整群随机试验研究方案》和《循证新服务方案与常规戒烟服务方案预防心血管疾病高危患者随机对照试验研究方案》等，研究团队还参与了"日本国际医疗保健学会会议"等学术会议。研究员将泰国清莱县的 8 个卫生中心分为干预和对照两组，通过盐分测定计将研究对象摄取盐分量可视化，进行集体减盐的随机干预研究，同时通过戒烟指导、尼古丁口香糖替代等方法对卫生中心就诊的高风险患者进行戒烟干预研究。

2. 农学领域

在农学领域，日本学界对泰国的主要研究集中在农产品相关技术和农业生态系统。课题"泰国东北部农民参与的水稻品种的选用以及干田直播技术的开发"的目的是使非灌溉地带的直播种植生产稳定、产量提高，通过农户调查、参与型亲子试验、栽培试验等方式，得到了具体的解决方法。课题"泰国受镉污染水田中低镉稻米栽培试验"对镉污染区产的大米进行检测，发现镉含量远高于可食用规定。研究员在镉污染水田中种植了 42 个优良水稻品种，最终找到镉含量低的品种推荐给当地农民。课题"收获后期相关农业技术的合作研究——以泰国为例"和"泰国农产品、水产品收获方法研究"均着力解决泰国高温环境下农产品收获后的储存技术问题，前者侧重解决果蔬谷物在不适宜的储存条件下快速变质的问题。以爱媛大学的安部武美为首的 8 名研究员在泰国进行了为期 3 年的研究，泰国梅州大学的 8 名研究员共同参与研究，通过实地调研，解决收获过程中农产品的损失、收获后储存保质、产品农药残留等问题。"泰国农产品、水产品收获方法研究"分为两个子项目：第一项是通过研究植物生长调节物质和新的化学处理方式寻找长期保存农产品的方法；第二项是在泰国养殖的虾类中通过 DNA 分析确定抗病性强和耐过密养殖种类的 DNA 构成，寻找更适宜养殖的品种。课题由宇都宫大学的 6 名教授和泰国农业大学的 2 名教授共同完成，两校研究员进行了 3 年的相互访问，促进学术交流与科研往来。

东京大学黑仓寿教授主持的课题"关于泰国的虾养殖业和沿岸环境的实际状况调查研究"，单项经费 4108 万日元，是农学方面同时也是 183 项课题中单项资金最高的一项课题，占经费总额的 3.11%。该课题的研究成果有《激励泰国南部虾养殖者改变水管理系统之研究》和《泰国热带沿海水域两种硅藻类鱼类和海藻的生殖生物学研究》等论文和专著《养殖海域的环境收容》。研究结果表明：大规模养虾场的建设会导致红树林消失，影响沿岸的鱼类群落，导致鱼类资源数量下降。从生态系统的保护和虾养殖业的长远发展的角度来看，应该在天然红树林周围散布中小规模的养殖设施，利用其净化功能将环境负荷降至最低。泰国南部的中小型养殖企业认为，如果能保持长期稳定的生产，愿意减少短期盈利，向环境友好型转变。《养殖海域的环境收容》一书中得出了三个结论：第一，如果有稳定的生产前景，虾养殖户会接受短期的产量下降；第二，实验地雨季和旱季的盐分有从 0 到 40 的巨大差异，但鱼类群落几乎没有季节性变化，因此研究认为在该水域中存在对盐分变化具有极高抵抗性的鱼类；第三，在红树林中散布的开阔裸地上，底栖生物的数量比林中和水路中的多，许多物种不受微小地形的影响。研究内容涉及红树林的课题还有"泰国南部红树林地区的生物生产构造研究"。课题组每年在雨季和旱季进行两次调查，从红树林地区存在的水域、林内和裸地等多个细微环境中，确定生产者和初级消费者的生物量。研究认为，裸地拥有现存最丰富的动物量是由微藻类来维持的，地球上生产力最高的红树林生态系统，很有可能是由裸地这样的微生物环境混合而维持的，强调红树林是多个生物环境的复合体。

泰国的烧田农业和无序砍伐破坏了大量森林，导致水土流失，环境恶化，因此，许多农业生态系统相关课题研究受到重视。"泰国邦巴功河流域的荒废因果及其农林工程学修复""泰国干燥热带林中生物多样性与生物生产率的相关性研究""泰国北部的水土资源有效利用与农业系统的研究""泰国柚木人工林间伐对水循环和碳循环的影响研究""泰国环保型农业中生物防治相关研究"等课题探讨了如何修复生态环境维护生物多样性，从发展环保型农业等方面入手，寻找生态环境与农业发展和谐共存的方法。"泰国农村现代农业基础系统的接受过程研究"和"泰国北部自然能源系统使用情况调查研究"针对如何更好利用水资源，研究了不同灌溉系统的使用现状和效果，通过分析实验结果对灌溉设施进行改进。

湄公河巨型鲶鱼是世界上最大的淡水鱼之一，是湄公河流域的特有品种，由于过度捕捞、环境恶化等原因濒临灭绝。泰国为了恢复物种资源，向国内的水库、湖泊中投放人工种苗。近畿大学光永靖负责的课题"使用 ID 识别型超声波发信器对泰国湄公河中湄公河鲶鱼的追踪"，在泰国湄公河养殖的鲶鱼身上安装了 ID 识别型超声波发信器后放流，并进行追踪，发现鱼在放流后有向上游移动的倾向。京都大学三田村启理负责的课题"通过生物记录探明泰国西里基特大坝湖的湄公河鲶鱼生态"，利用超声波遥测技术了解鲶鱼的详细分布，并对湖底地貌进行测量以了解栖息地的情况。应泰国水产局的要求，京都大学的荒井修亮主持的课题"泰国岗卡章湖的巨大洄游鱼湄公河鲶鱼的生态阐明"中，采用超声波遥测技术监测幼鱼的移动和水平分布，并用碳氮稳定同位素确定鲶鱼的食物来源。

此外还有九州大学农学部教授内堀弘治主持的农业经济学领域的课题"泰国西北部地区经济的可持续发展"，从政策与地区形成、教育与人才培养、定居与再生产三个方面阐明了泰国西北部地区的工业结构和分销结构，并发现山区的烧田农业已转变为商业农业；以清迈为研究对象，从经济政策和教育政策的角度出发，探讨了能否在不破坏地区环境的情况下实现可持续的经济增长；从实现农工并进型可持续发展的角度，提出了以清迈为核心的圈内市场扩大、首都曼谷及海外市场的份额扩大、生产流通机构的重组等方法打破地区经济停滞。

3. 工业领域

在工学方面，课题"在泰国湄南河流域开发适合国情的水库蓄水池群的最佳运行方式"开发的大规模蓄水池运用模型，以足够的精度提高水资源使用率；新建的降水量季节预报模型，可以进行极高精度的预报。课题"关于向泰国转让区划整理技术的实证研究"以泰国为案例，总结了今后向其他国家转让技术的方法，以及转让所需的技术开发等具体问题，以便进一步推广。有 3 项工学和建筑学结合的课题"泰国水边村落的传统环境共生方式和近代化变化的调查研究"考察了泰国湄南河水系的水边村落，阐明居住在船屋上的传统共生模式和现代化转型的实际情况，并探讨改善居住环境的措施；"泰国大城府遗迹保存修复相关研究"和"泰国砖造遗址的劣化现象和保存方法的调查"记录了泰国传统寺庙的环境检测数据以及修复工作等具体内容。

三、结语

日本从 20 世纪 60 年代开始展开对泰国的研究，跨越了半个多世纪，研究成果颇丰。本文通过文本计量的方式对这些研究成果进行考察，发现日本学界对泰国研究呈现稳定且持续的态势。日本对泰国的研究集中在传染病学、癌症研究，环境保护，现代农业推广，工业技术发明，法律制度考察，改进教育制度等方面，融合了农学、医学、文学、法学和社会学等多个领域。研究人员通过长年的实地考察、大量收集资料以及使用科学系统的研究方法论，最终取得了丰硕的研究成果。这些研究成果可以为我国泰国研究补充相关资料，与国内研究互相验证，帮助我国相关学者进一步拓展泰国研究的深度与广度。

参 考 文 献

北原淳，1982. 七十年代日本对泰国问题的研究[J]. 刘晓民，译. 南洋资料译丛（2）：93-112.

吉伟伟，2017. 日本华侨课题立项研究[J]. 华侨华人历史研究（1）：84-91.

林志亮，陈碧兰，2013. 日本在泰国软实力构建的关键性因素分析[J]. 东南亚研究（4）：41-49.

张声海，2001. 太平洋战争前后的泰日关系[J]. 东南亚研究（2）：47-50，55.

赵姝岚，孔建勋，2011. 从日本对泰国的援助评日本的官方发展援助[J]. 东南亚南亚研究（1）：54-58，93.

AUNG M N, YUASA M, LORGA T, 2013. Evidence-based new service package vs. routine service package for smoking cessation to prevent high risk patients from cardiovascular diseases(CVD): study protocol for randomized controlled trial[J]. Trial: 1-14.

AUNG M N, YUASA M, MOOLPHATE S, 2012. Reducing salt intake for prevention of cardiovascular diseases in high-risk patients by advanced health education intervention(RESIP-CVD study), northern Thailand: study protocol for a cluster randomized trial[J]. Trial: 158-167.

KASAI C, NITIRATSUWAN T, BABA O, 2005. Incentive for shifts in water management systems by shrimp culturists in southern Thailand[J]. Fisheries Science（4）: 791-798.

TONGNUNUI P, SANO M, KUROKURA H, 2006. Reproductive biology of two sillainid fishes, Silago sihama and S. aeolus, in tropical coastal water of Thailand[J]. Lamer（44）: 1-16.

船津鶴代，2008. タイの中央——地方関係―地方自治体の分析[M]. 東京：アジア経済研究所.

村嶋英治，2009. タイにおける共産主義運動の初期時代(1930—1936)[J]. アジア太平洋討究（13）：133-212.

村嶋英治，2010. タイ華僑社会における中国ナショナリズムの起源［M］//東アジア近現代通史. 岩波講座東アジア近現代通史 第 2 巻. 東京：岩波出版社：222-243.

古谷岸，黒倉柳，2006. 養殖海域の環境収容[M]. 東京：恒星社厚生閣.

伊藤友美，2009. バンコクの九皇斎とタイ華人の信仰(前篇)[J]. タイ国情報（6）：29-40.

伊藤友美，2009. 現代タイ上座部仏教における女性の沙弥尼出家と比丘尼受戒[J]. 東南アジア：歴史と文化（38）：64-105.

玉田芳史，船津鶴代，2008. タイ政治・行政の変革——1991—2006 年[M]. 東京：アジア経済研究所.

遠藤元，2010. 新興国の流通革命——タイのモザイク状消費市場と多様化する流通[M]. 東京：日本評論社.

A Review of the Academic Focus and Content of Thai Studies in Japanese Academia—Using KAKEN as a Data Source

LIU Yan，LI Ping

Abstract: Since 1960s, Japanese scholars have been conducting research on Thailand in many fields, and have got abundant results. This paper summarizes the overall situation of Thai research topics in Japanese academia since 1960s, and collects and analyzes the Thai research topics included in the database of KAKEN. On one hand, this paper presents the overall situation of the projects approval time, research institutions and academic groups, research fields, research funds. On the other hand, it translates and reviews the research results on Thailand in Japanese academia, involving Medicine, Agronomy, Sociology, Literature, Cultural Anthropology, etc. The purpose of this paper is to clarify the academic history of Japanese research on Thailand, so that the research methods and results of Japanese scholars can promote domestic academic research, especially the further deepening and development of Thai research.

Keywords: Japanese Academia; Thai Studies; Academic Focus; Japanese Scientific Research Grants